変える技術、考える技術

高松智史

実業之日本社

変える技術、考える技術

高松智史

実業之日本社

はじめに（注意事項）

行動が変われば、人生が変わる。

この言葉が持つ本当の意味を、本書で実感してほしい。

「些細な」「くだらない」ことで、行動が変わる体験をしてほしいと思って、この本を書いた。

「この本を読んで10個行動が変わったとしたら、1個当たり165円。100個変わったら、1個あたり約16円。間をとって50個変わったら、1個当たり、えーと、33円」

そんな読み方をしてほしい。1つでも多く行動を変えて、もとを取ってほしい。

僕はBCG（ボストン・コンサルティング・グループ）という戦略コンサルティングファームで、まさに「もがきながら」（コンサル風に言えば、ストラグルしながら）8年間過ごし、マネージャーまで昇進した。

BCGは、楽しかった。


今思うと、入社当時の僕には「戦略」や「コンサル」のセンスはなかった。

けれども、幸い、「人にかわいがられる力」（コンサル風に言えば、チャーム）はあった。

そのおかげで、数多くのセンスあふれる先輩（のちに師匠たち）との「距離」をつめることに成功し、彼らから「考え方」「働き方」のような社会人としての基礎だけでなく、人生のなかで本当に大事なこと、すべてを学ばせてもらった（厳密には、大学時代のバイト先「ウイニング受験英語」、新卒で入社した「NTTデータ」も含む）。


そのエッセンスを、「行動を変える」技術＝「スウィッチ」として結晶化し、この1冊につめ込んだ。


巻にあふれる「抽象的な」「無駄に小難しい」意味のない話は書いていない。

誰でもすぐに実践できるよう、徹底的に「具体的な」「プラクティカルな」意味のある内容にこだわって書き上げた。なので、**本書は、ぱっと、立ち読みしただけでも、「行動が1つ変わる」仕立てになっている。**

本書の構成をサクッと説明しておこう。構成はとてもシンプル。

まず、「第0章」は、「くだらない」ことで「行動は劇的に変わる」ことを「体験」してもらう。もうね、「イをムに理論」とか最高よ。

第0章を読んで、僕との距離が少し縮まったところで、「第1章〜第7章」では、本題の「行動を変える7つの原理」＝「スウィッチ」を語っている。

その「スウィッチ」は、

①愛と想像力
②チャーム
③答えのないゲーム
④脱・フレームワーク
⑤二項対立
⑥論点
⑦示唆

というものだ。

これらを「暗記」するだけで、あなたの行動が一瞬で変わることを保証する。

各章で書いている内容を1つでも多く「暗記」して、「スキル」として身に付けてほしい。

最後に。「行動を変える」というのは、実は非常に抽象度の高いテーマだ。

それも、対面でのマンツーマン形式で対面で教えるのではなく、活字で伝授するというのだからハードルは高い。

ということで、**「わざと」エッジを利かせた言葉選びをしている。**

「感情を揺さぶる」「記憶に残る」言葉を使うことで、少しでもあなたの「行動を変えたい」からだ。

行動は、人生は、たった今、この瞬間から変えられる。そのことにぜひ気づいてほしい。

早速、第0章の「イをムに理論」から、あなたの行動を変えていこう！

目次

第0章 「変化」のキーワードは「スウィッチ化」

第1章 全てはここから始まる「愛と想像力」

第2章　なにがなくとも「チャーム」

第3章　戦い方が異なる「答えのないゲーム」

第4章　ポンコツの誤解——フレームワーク、MECE、因数分解、ロジック

第5章　本質を見抜く「二項対立」

第6章　TASKバカ／打ち手バカからの脱却、「論点バカ」

第7章　ファクトではなく「示唆（SO－WHAT）」

第0章
「変化」のキーワードは「スウィッチ化」

行動を変えるためには、「暗記」して、
「誰かに語る」という
サイクルを繰り返すのが大事。
この章で語る「小噺」を暗記し、
色んなところで
「したり顔で」語ってほしい。
そうすると、「行動」は一瞬で変わる。
「スウィッチ」で、
行動が変わることを体験してほしい。

TAXI
SEXY
商
ムラムラするー
魔王

「イ」を「ム」に変えると「世界」は変わる

「イ」を「ム」に変えると「世界」は変わる。

いきなりこんなことを言われたら、正常な方は「は？」と思って、そっとページを閉じてしまうかもしれない。

だけど、ちょっと待ってよ、お兄さん。そして、お姉さん。もう少し、続きを読んでほしい。

僕は本気でこの1冊で、いや、この章だけで、みなさんの行動を「変えよう」としている。

せっかく1650円！も出して買ったのに、なんだよ！「イ」を「ム」にって！

と思ったかもしれない。

お腹の空いている時や、気になっている異性の人から既読スルーされている時なら、温和な皆さんも、「イライラするなぁ」と思ったことだろう。

今日も、明日も明後日も、下手すると一日一度は、誰もが「イライラ」する。

そんなみなさんにぴったりな、行動を変える魔法、「スウィッチ」を教えよう（「スイッチ」でなく、「スウィッチ」）。記憶に残っちゃうよね、「スウィッチ」。


その「スウィッチ」は、「イ」を「ム」に変えると「世界」は変わる、というものだ。


さあ、「イライラするなぁ」の「イ」を「ム」に変えてみよう。

声に出して言ってみてほしい。


「ムラムラするなぁ」

「ムラムラするなぁ」

「ムラムラするなぁ」

思わずクスッと、ニヤッと、してしまうはずだ。

イライラした時、大きな声で言ってほしい。
「まじ、ホントに、ムラムラするなぁ」
「まじ、ホントに、ムラムラするなぁ」
「まじ、ホントに、ムラムラするなぁ」

ちょっと気が短い僕でさえ、「イ」を「ム」に変えるだけで、自然と、なんだかにやけてしまう。

人間って意外とシンプルにできているから、「言葉を変える」だけで「思考も変わってしまう」のだ。その真骨頂が、この「イをムに理論」だ。

ちなみに、「思考」や「行動」を変えたければ、まず「暗記」がスタート。それこそが破壊的に効率的な学習方法なのだ。

だからこの話も、そのまま暗記して、明日の同僚とのランチ、飲み会で話してほしい。そうすれば、記憶として頭に定着する。

このサイクルを繰り返しているうちに、いつの間にかイライラを感じた時に、「ムラムラするなぁ」という言葉が勝手に出てくるようになり、プラス思考になっていき、あなたの人生が少しずつ、良い方向に変化していく。


たったこれだけで、だ。

しかしだぁ、しかし。受験勉強で無駄に勝ってしまっているエリートの皆さんは、暗記が嫌いなんだよなぁ。

「暗記は苦手」か、はたまた「暗記はカッコ悪い」と斜に構えているかもしれないが、ポンコツな社会人ほど暗記を嫌う。お茶目か。ほんと、バカバッカ。

僕はよく、「バカバッカ」という言葉を使う。ちょっと強い言葉だ、すみません。

僕の言う「バカバッカ」っていうのは、次のような意味合いで使っている。

そもそも仕事なんて、「センス」とか「才能」を議論する以前に、「やりゃいいじゃん」の場合がほとんど。

「やりゃいいのに、やらない」人に出会う度に、「モッタイナイ、あー、モッタイナイ」という意味を込めて、「バカバッカやな」と叫んでいる。

ほんと、バカバッカ、やりゃいいのよ、やれば。暗記してしまえばいいのだ。

その第一歩に、やってみようぜ。

「イ」を「ム」に変えると「世界」は変わる。

みんな、イライラせずに、ムラムラしてこうぜ。

巷のコンサル本と違うだろ？

携帯登録を「大魔王〇〇」に変える

「また、マネージャーの大津さんから、電話だよ」

「大津さん、正直、苦手だ。ホントに嫌いだー」と、BCG時代、あるプロジェクトで口ぐせのように、呟いていた。すこぶる優秀だが、苦手なお方だった。

しかしながら、どんなに苦手でも、仕事上、プロフェッショナルとして、話さざるを得ない。その時、編み出したスウィッチがこの方法だ。

携帯の登録名を変えてしまうのだ。「BCG大津さん」と登録するところを、「大魔王大津」にするのだ。

携帯がブルブルッとし、携帯を見た瞬間、目に飛び込んでくるのは、「大魔王大津」の5文字。

スマホがブルブル震えながら、画面に「大魔王大津」という名前が表示されている場面を想像してほしい。これなら、苦手な大津さんからの連絡でも、なんとか電話に出られる。

このスウィッチを使って、同じプロジェクトメンバーに「大魔王から、また電話が来た」と和みながら、僕は電話に出ていた。

さきほどの「イをムに変える」と同じだが、「大魔王大津」も、ほんとにちょっとした「小さな」ことで、気分は変わる。

気分が変われば、行動も少しは変わるからね。

当然、苦手な「大魔王大津」と電話したあとは、イライラしているわけだから、思考を変えるために、もちろん「まじ、イライラ、いや、イをムに変えて、ムラムラしたわぁ」と叫ぶわけだ。

ほんとに些細なことで、人生は変わっていくのだ。不思議なものだ。

まずは、あなたの苦手な人を「大魔王〇〇」で登録してみてよ。

「10人中4人だけが〇（良い）」の解釈

――「真野解釈」

BCGで8年間、コンサルタントとして濃密な経験をしたあと、僕は起業した。「考える力を教える」会社を立ち上げた。今では「考えるエンジン講座」という授業を行っている。

みなさんは「教授でも何者でもない僕が、考える力を教える会社を作る」ことを、どう思うだろうか？

起業した当時、メンターで親愛なる先輩の「真野克彦さん」（その当時は、グローバルな投資会社のシニア・アナリスト）に相談した際のやりとりは、今でも、僕の「思考の転換」のスウィッチになっている。

僕はその真野さんとの会話をそのまま「暗記」し、色々な人に話し、「行動」を変えてきた。

僕：「そうそう、真野さん、起業することにしました。考える力を教える会社」
真野さん：「おめでとう。で、友達は何人中何人が、〇（＝良い）って言ってた？」
僕：「え？　10人中4人くらいが、良いんじゃね？　っていう感想でした」

と、僕は正直「スジが良い」という反応は思ったより少なかったとネガティブに捉え、暗い顔をしていた。するとすかさず、真野さんがこう言ったのだ。

「最高じゃん……。10人中8人が良いと言ったらみんなが参入してくる。10人中1～2人だったら完全にスジが悪いから、やめたほうがいい。だから、10人中4人って最高じゃん」

この時の「はっ」とした気持ちを含めて、暗記している。

対話した時の内容、感情をまるごと頭にしまい込んでしまう、これが「真野解釈」というスウィッチだ。

物事をネガティブに解釈してしまいそうな時、この「真野解釈」を発動して自分の考えをきちんと整理するようにしている。

「行動を変える」には、

その時の「感情」をそのままに冷凍パックし、「対話」を冷凍庫にしまう。
その時の「感情」をそのままに冷凍パックし、「対話」を冷凍庫にしまう。
その時の「感情」をそのままに冷凍パックし、「対話」を冷凍庫にしまう。

のが一番いいのだ。

なに、この無駄な表現！　ちょっとイライラしただろうか？
そんな時は、「イをムに変える」でムラムラしてこうぜ（定着してきたかい？）。

巷のビジネス本に書いてある「見方を180度変えてみよう」みたいな、抽象論を頭に入れても、二度と思い出せない。だから、行動は変わらない。

本を何冊読んでも、人生が変わらない、仕事がうまくいかないのは、それが原因だ。

要するに、学んだことが行動に繋がっていないのだ。

だから、「感情そのままに、対話を暗記」して、具体論として頭に入れ込む必要があるのだ。

そして、感情で覚えたエピソードを、その感動を忘れないよう、飲み会などで話すのだ。

これが学びのサイクルであり、繰り返していくうちに、自然と行動が変わっていく。

事実の解釈も、こうやって、スウィッチ化するんだぜ。

ちなみに時が経った今、「真野さん」も起業していて、その相談を僕がたまに受けているんだぜ。なかなか、僕も成長したよね。

「恩を売れるチャンス」と捉えるだけ

――「商人魂」

ここでは、ビジネスパーソンに絶対覚えてほしい「マインド」について伝えておこう。

まずは、わかりやすいように、営業論で使われる有名な逸話から見ていく。

ある島に靴を売りに行ったら、その島の住人は誰も靴を履いていなかった、というお話だ。

この話は、「一見マイナスな状況をどう捉えるかで、人生変わりますよ！」という示唆をくれている。

〝げぇ、まじ、靴、履いてないの？〟＝「期待薄やん」と捉えるのか？

VS

〝チャンスだ、ベイビー〟＝「期待大やん」と捉えるのか？

どちらの見方をするか？

どちらのパースペクティブで世界を見つめるか？（コンサル風）

当たり前だが、後者のように プラスに捉えて、靴を売る方法を考えられる人のほうが、ビジネスパーソンとして成功するだろうし、人生もかなりご機嫌に過ごせるだろう。

しかし、賢い人であればあるほど、「え？ 島に靴なんて、売りに行かねーし！」と斜に構えてしまって、自分の人生に活かすことができず、結果として行動を変えられないことが非常に多い。

BCG時代のジュニアメンバー（入社1〜2年目）だった時のことを思い出す。

プロジェクトにアサインされて、自分のタスクを必死にこなす毎日を過ごしていた。

「クソ忙しい」どころか、「徹夜しないと、終わらない。どうしよう」という毎日を過ごしていた時に、プロジェクトのケースリーダーから、「高松さん、ちょっといい？ 高松さんのタスクではないんだけど、時間に余裕があったらこの会社の事例調査してくれない？」と言われたことがある。

内心「おい、おい、そんな無茶な。面倒くさいな」と思いながらも二つ返事で、「ぜひ、やらせてください」と笑顔で返答していたし、仕事を依頼されたら、必ず引き受けるとルール化していた。

だが、ポンコツは「面倒くさいな」という感情が沸々と湧き上がってしまう。

みなさんにも心当たりがあるかもしれない。

・クライアントから、夜中に資料修正のお願いが来た時
・先輩から、いきなり、買い物を頼まれた時

などの場面があるだろう。

しかし、仕事のできるセクシーな天才たちは、全く違う捉え方をしている。

「ラッキー！　自然と恩を売れんじゃん」

この捉え方こそが、ビジネスパーソンに絶対インストールしてほしい「商人魂」だ。「商人魂」を燃え上がらせ、テンションも爆上がりさせて、

・事例調査は徹夜1回で済む。上司に恩を売れるなんて、めったにないじゃん
・キター、クライアントからの夜中の資料修正。パッと直して、汗かいた感を見せよ
・タクシーでちょっとの買い物で済む。そのお返しに合コンお願いしちゃおう

という逆転の発想で、自分の成果に繋げてしまうのだ。これぞ、「商人」ってヤツよ。

だが、これらの例は相手からの依頼が契機になっているので、『受け身の商人魂』といったところだ。

だから、あなたには「攻めの商人魂」で、より主体的に攻めてほしい。


この「商人魂」について僕の「考えるエンジンちゃんねる」で解説した動画を、（ピクシブ創業者で、今、北海道で楽しんでいる）片桐孝憲さんが見て、次のメッセージをくれた。

「動画、見ました。それを見ながら、思い出したことが。
この前、後輩と飯行ったんですけど
と言っても2月の頭くらいに
昔から知ってるんですけどその二人とは久しぶりに飯だったんすよ
ただ飯食ってるだけで面白い話が1つも出てこないんすよw
で、これが流行ってるとか、あの会社が儲かってるとか誰々が付き合ってるとか
女でトラブってるとかゴシップでもなんでもいいから面白い話持ってこいや、と
思いましたねw　それが営業だろ、とww
飯おごってもらうなら、儲けさせるか、笑わせるか、どっちかちゃんとしてほし
いですねw
むしろ一緒に飯食うなら割り勘でもそういう話が欲しい」（原文ママ）

これぞ、「攻めの商人魂」ってヤツだ。

後輩よ、起業家よ、事業家よ！　成功したかったら、持てよ、燃やせよ、商人魂を！　という、エールにあふれた、示唆に富んだメッセージだった。

起業家として、人生の謳歌の仕方が桁違いなモンスター片桐さんも「商人魂」を当然の価値観として話されていて、「仕事ができる人の考え方はみな同じなんだな」と、ほっとしたのを今でも暗記している。

こうやって、ただただ「商人魂」を燃やすだけで、人生は変わっていく。

ただし、この手の話は苦手な人が多いし、僕も以前はそうだった。

BCG時代の師の1人である「市井茂樹さん（僕が憧れるコンサルタントで、当時シニア・パートナー）」の背中を見て、僕は学んだ。活字にすると、生々しいが、圧倒的な価値を提供するのは当たり前。その上で、対面のクライアントに「ちゃんと」価値だけでなく、「恩」も感じさせる。これこそが、一流のコンサルタントであり、一流の商人＝事業家だと思う。

繰り返す。皆さん、明日から「商人魂」を一緒に、育てよう。

「後輩におごる」の別解釈と、これまでのまとめ

「商人魂＝恩を売る」という考え方を使ってほしい典型的な場面が「後輩におごる」というシーンだ。

ご飯をおごる、というのはおごり方によって、「下心がある」「先輩だから」「男だから当然」など、人により様々な「想い」がある。

つまり、面倒ってことだ、ほんとに。

僕はオファーや昇進の連絡など、お祝いの連絡を知人から貰った時は必ず、次のような連絡をしている。

「祝いましょ。お鮨をおごらせてくださいな」と。

自然におごれる機会など、めったにやってこないわけだ。

商人魂を発揮して、自然とおごることにより、「現在の良好な関係を、より強固にできる」（おごっても、マイナスの関係はプラスにはできないと考えている）と捉えれば、ラッキーでしかない。

「一生ケチと言われない権利を買っている」と捉えると、もうラッキーどころかウルトラ最高なわけだ。

今まで語ってきた①「イをムに理論」②「大津大魔王」③「真野解釈」④「商人魂」、そして、今回の⑤「後輩におごる」も、ちょっとしたことだが、これらのスウィッチを覚えていると、最強に行動を変えてくれる。

本書のコンセプトである「スウィッチ化」の大事な要素の1つは、「ちょっとしたことで行動は変わると心底信じていること」だ（ちなみに「スウィッチ化」の要素は3つある。残り2つは後述する）。

それにピンときてほしくて、5つの具体例を挙げてきた。

なので、あなたには「行動」を変えるスウィッチを定着させるために、この5つのうちどれかを暗記して、実践してほしい。

それができれば、行動を変えるための素地はできたと言える。

逆に、暗記できていなければ、これ以降の話を読んでもしばらくすると忘れてしまって、行動も変わらないいまま、今までと同じような人生を繰り返してしまうだろう。


ちなみに、僕が経営している会社のモットーとして、「行動を変えるなら、KANATA」とホームページに載せているほど、「行動を変えること」を最重要視している。

BCGが、と言うと怒られそうなので、僕のコンサルタント時代の矜持で言えば、

「戦略としてベストだが、組織は変わらない」 VS 「戦略としてベストじゃないが、組織は少し変わる」

でどちらかを選べと言われれば、迷いなく後者を選ぶ。

今日から行動を変えていくためにも、まずは「イをムに理論」から始めてほしい。

働いていたら、イライラすることなんて無限にある。

・即レスではない。挙句の果てに、既読スルー
・日程調整のメールが来たが、曜日さえ書いていない
・着信が残っているが、その後、用件がメールされていない
・相談に乗ったら、「参考になります」と言われた
・メールに「ご査収ください」だと？

と、イライラすることだらけだと思う。


そんな時は、もうおわかりだろう、頭の中で、大きな声で言ってほしい。

「ムラムラするわ、ホント」

きっと、ニヤつくだろう。

ムラムラの語感と、「行動が変わった」ことに。

タクシー運転手さんの「忘れ物しないようにしてください」の違和感

僕がコンサル時代、移動時間短縮のために、散々乗らせてもらったタクシーを例として語っていく。

この話は、「スウィッチ化」の2つ目の要素へと、最後には繋がってくる。

タクシーから降りる時に料金をPASMOで支払って、ドアが開いたあと、タクシーの運転手さんが言うじゃない……。

「忘れ物、気を付けてくださいね」と。

いやいやいや、この言葉だと、忘れ物、全然、減らないから。

忘れ物を「意識的に」する人はいないわけだ。

「忘れ物しよう！」と思ってタクシーから降りる人はいないから、「忘れ物、気を付けてくださいね」と言われても、ちゃんと車内を確認するわけがない。

だから、「気を付けてください」と言われたところで、忘れ物は減らないわけだ。

「忘れ物、気を付けてくださいね」は典型的な、行動が変わらない無価値的な打ち手、アドバイスなのだ。

忘れ物をしないように伝える必要があるのだから、こう言おうぜ。

「降りたあとにもう一度、振り返り、座席の上に何か落ちていないか、見ましょう。足元も、もう一度、見ましょう」

こう言われてはじめて、お客さんの行動が変わって、忘れ物が減るのだ。

「忘れ物、気を付けてくださいね」「忘れ物、しないでくださいね」のような行動が変わらない言葉は〝何も言っていない〟のと同じだから、今日からやめようぜ。

歯医者さんの「歯を治したてなので、1時間、食べないでくださいね」の違和感

タクシーに続き、今度は歯医者さんをケースとして語っていこう。
歯の治療で、新しい銀歯ができるまでに、一時的に被せモノをすると思う。
それにまつわる悪夢から、「行動を変える」言葉について考えていきたい。

被せモノをした日、歯医者さんが言ってくれるじゃない。

「被せモノをしたので、1時間は食べないでくださいね」

言ってくれてありがとう、なのだが、そうは言っても、ついうっかりガムとか食べちゃうやん。

そうすると、あっさり取れるよね、被せモノ。

この発言も、さっきのタクシーの運転手さんの例と同じく、行動が変わりづらいのだ。

コンサル目線で考察すると、患者さんの「行動を変える」には、次のようなレベルの発言まで昇華させる必要がある。

「歯を治したてなので、お店に入ったり、コンビニで何か買ったり、しないでくださいね。ひたすら、携帯を1時間いじりつづけてください。なんなら、今、食べ物をお持ちなら、ここに捨てていってください」

まで言ってほしいわけだ。

ここまで言語化しないと、行動は変わらない。行動はそう簡単に変わらないのだ。

ここで、本書のテーマである「スウィッチ化」について言及したい。

「スウィッチ化」の核の2つ目は「プラクティカルであること」。

これにピンときてほしくて、「タクシー」と「歯医者さん」の具体例を挙げてきた。

プラクティカルというのは、「今、この瞬間に行動が変わること」というような定義だ。

プラクティカルにこだわろうぜ。

タクシーの運転手さんネタ VS 歯医者さんネタ

好きなほうを選んで、「暗記」しよう。

どちらかを覚えておけば、頭の「引き出し」からパッと出てくる。

ここまでで「スウィッチ」の3つの要素のうち、2つが出揃った。

「スウィッチ」を因数分解すると、

【ちょっとしたことで変わると心底信じていること】×【プラクティカルであること】×【?】

となる。

さて、核となる3つ目の【?】は何か。

正解は【仕組み化】だ。もう少し言うと、正解は【スウィッチの物理化】だ（これについては、46ページの「漫画家はなぜ、ファミレスに行くのか?」のパートで詳細を解説する）。

「毎日、本を読む時間を取りなさい」というポンコツアドバイス

では、「行動を変える」とはどういうことか、その本質をきちんと理解しているのかを確認するためにクイズを出そう。

ある相談を受けたとする。

「先輩、1つ相談があります。本を読まないといけないことは重々承知しているのですが、どうしても読めないのです。どうしたら良いでしょうか?」

みなさんなら、どう答えてあげるだろうか?

もちろん、「本を読む時間を、毎日つくりましょう」なんて、「行動に繋がらない」ような、抽象的なポンコツアドバイスはしないよな?

「タクシー」や、「歯医者さん」の事例を暗記していれば、このようなアドバイスが出てくることはないはずだ。

僕だったら、**「必ず、カバンに本を3冊入れましょう。そして、何より大事なのは、夜、携帯を充電するのをやめることです」**というアドバイスをする。

「行動を変える」ためには、ここまで鋭く、具体的なレベルで言語化する必要がある。最後の「携帯を充電するのをやめることです」というセクシーさ。

移動中などの隙間時間に何をしているだろうか？「本を読まないといけない」と思っていても、誘惑にかられて、ついついスマホをいじってしまうのではないだろうか。

その状態から「読書する」という行動に繋げるためには、「仕組み」で改善する必要があるわけだ。

その「仕組み」の1つとして、夜、スマホを充電しないという「スウィッチ」を作っておく。

そうすると、移動中にスマホの充電が切れている状態が生まれ、手持ちぶさたになり、カバンにある本を手に取る。

3冊入れておくのも大事。1冊だと、読み終わっている1冊しかカバンに入っていないこともありえる。

だから、3冊必要になる。3冊あればカバンの重さも増すので、本を入れていることも忘れない。

これが、本当のアドバイスというものだ。

漫画家はなぜ、ファミレスに行くのか？

——「スウィッチの物理化」

「スウィッチの物理化」とは、行動を変えるスウィッチを具体的なモノに置き換えることだ。

　これについて、漫画家を例に説明していく。

　昔、超売れっ子漫画家が特集されている番組を見ていた。その漫画家は「アイデアが浮かばない時に行く場所として、行きつけのカフェ、ファミレスなどを3～4店舗持っており、その店をハシゴした」と語っていた。

　このエピソードに「スウィッチの物理化」のヒントが隠されている。

　漫画家は、締め切りと戦いながら、ファミレスでネタを考え、結果として、ネタが無理くりでも浮かぶというサイクルを回しているうちに、「ネタを浮かべるためにファミレスに行く」だったのが、いつの間にか、「ファミレスに行くとネタが浮かぶ」という順番になり、この体験が積み重なっていくことで、最終的に「ファミレスに行く」のが、ネタが浮かぶ「物理的スウィッチ」になるのだ。

つまり、「アイデアを思いつく方法」という、目に見えないはずのスウィッチを、「ファミレス」という実在するモノに「物理化」できるのだ。

企画やアイデアで飯を食っている職業の人は、まずはアイデアを考えるのに心地いい場所を見つけ出してほしい。

その場所でアイデアを必死に考えているうちに、そこが次第に、あなただけの「アイデアを思いつく場所」という「物理的スウィッチ」となる。

あなたにとっての「物理的スウィッチ」はどこにあるだろうか？

そこで思考を繰り返すうちに、その場所があなただけの「物理的スウィッチ」になっていくはずだ。

「Vコーン」の魔力
——方眼ノートとVコーン

BCG時代も、「物理的スウィッチ」を使って、コンサルティング業務を乗り越えていた。コンサルタントの1日というのは、想像の1億倍は忙しい。死ぬほどの忙しさだ。そんな状況で、エクセル分析やパワーポイント作りの「作業」に逃げず、トコトン時間をとって、「考える」という本質的な仕事に向き合うためには、「考え始める」きっかけを作る物理的スウィッチが大事だった。

『HUNTER×HUNTER』のクロロ団長が能力を盗む条件が4つあったように、僕が考えるスウィッチを発動する条件も、次の4つがあった。

①月曜日の「朝7時〜9時」に
②場所はホテルニューオータニのタリーズの奥の席で

③水性ボールペン「Vコーン」の赤ペンを持ちながら
④方眼ノート「クリッパー」に向かう

この4つの条件が揃うと、真摯に考え始めることができる。

これが、「スウィッチの物理化」である。

だから、コンサルタントは卒業しても、その時に使っていた「物理的スウィッチ」の1つであるVコーンや方眼ノートは、今でも使っているくらいだ。

「モノ」のスウィッチ化は強烈に、行動の変革をブーストしてくれるのだ。


「スウィッチの物理化」はカフェのような「場所」だけでなく、ペンやノートのような「モノ」でも、実践が可能だ。


どんな仕事でも「考える」という行為は絶対に存在する。

「考える」ことを必要としないビジネスパーソンはいないので、ぜひともここで紹介した「スウィッチの物理化」を真似してほしい。

「投げかけ」も思考スウィッチ

「距離」がある人へのヒアリングや、あまり自分の意見を言いたがらない人と議論する時に大活躍するのが、この「投げかけ」スウィッチ。

このスウィッチは、ビジネスシーンで偉い人と仕事をする機会が多いビジネスパーソンには、ぜひ覚えてほしいものだ。

まず、身近な例から説明すると、

A:「お鮨とお肉、どっちが食べたい?」
B:「うーん、どっちでもいい。なんでもいいよ。その2つじゃなくても」

A：「直感で言うと、どっち？」

B：「うーん、じゃあ、お鮨！」

という感じで使う、**この「直感で言うと、どっち？」という質問が、「投げかけ」スウィッチだ。**この質問をすることで、相手は圧倒的にスタンスがとりやすくなる。

プライベートならまだしも、会議などの重要な場面で、「どっちかを選んで」スタンスをとることは、将来的に面倒くさい事態になる可能性があると、偉い人は感じている。

だから、軽々しく選びたくないと内心で思っている。

また、選んでしまうと「なぜその決定をしたのか？」という説明責任が発生するので、それも彼らにとっては面倒くさいのだ。

だから、踏み込んでヒアリングしようとしても、「ケースバイケースだよ」とか、「どうですかねぇ」というように流されてしまう。

そんな時に、「直感で言うと、どっち？」という投げかけをすることで、「ヤマ勘で言ってOKです。それ以上、質問しませんし、責任も問いません」というスウィッチを相手に作れるのだ。

これにより、偉い人は責任を回避できるので、「じゃー、こっちかな」と答えてくれるわけだ。

これと同じ使い方で有効な投げかけが、「あえて文句を言うと、何が浮かびますか？」という質問。

偉い人が作った資料などがその典型だが「指摘したいことは一杯あるだろうが、サラリーマンとして得がないので、言わない」という状況で効果を発揮する。

そんな時に、「あえて文句を言うと、何が浮かびますか？」という質問をすることで、相手が「言いやすい」状況を作ってしまうのだ。

僕はこういうスウィッチ（＝習慣、仕掛け、仕組み）で、天才のフリをしてきた。

思考も「働き方」もすべて「スキル」だ。

この本でも紙面が許すかぎり、そのスキルである「スウィッチ」を伝授していく。

「スウィッチ化」の正体は？

行動を変える技術である「スウィッチ」の根幹を理解してほしいので、ここでその正体を改めて、因数分解で解説する。

「スウィッチ化」を因数分解すると、こうなる。

①【ちょっとしたことで変わると心底信じていること】×②【プラクティカルであること】×③【スウィッチの物理化】

①【ちょっとしたことで変わると心底信じていること】

仕事というのは、能力以前に「心持ち」が大事。少し意識を変えるだけで、一瞬で行動が変わる。だからこそ、「ちょっとしたこと」で行動を変える成功体験を積むのが重要。

②【プラクティカルであること】

机上の空論ではなく、「今から、変えられる」という実用性が大事。「がんばりましょう」というような精神論では意味がない。

③【スウィッチの物理化】

「スウィッチ」は目に見えない。だからこそ、現実に存在する「何か」(例えばVコーン)に投影することで、疑似的にスウィッチを「物理化」することが大事だ。

ここまで語ってきた、具体例11個、全部言えるだろうか？

行動を変えるためには、0章の話を、自然に使えるレベルで頭に叩き込む必要がある。

なので、紹介してきた11個の具体例を落語の演目のように、覚えてしまっておくれ。

①「イ」を「ム」に変える
②大魔王○○
③真野解釈
④商人魂
⑤自然におごる
⑥タクシーの忘れ物
⑦歯医者さんの被せモノ
⑧毎日、本を読む時間を取りなさい
⑨漫画家のファミレス
⑩Vコーン
⑪投げかけ

あなたは、もう語れるだろうか？

ピンとキテイルと思いますが、「学びのサイクル」

「行動を変える」と同じくらい、僕が絶対に伝えておきたいのが、「学び方」だ。

特に、働き方や生き方のような、目に見えないスキルの「学び方」を教えたい。

① 「暗記する」——というか、「暗唱」
② 「不自然に使う」——というか、「自然に」使うなんて100年早い
③ 「違和感の発生」——というか、「宝物」だよね、違和感
④ 「質問する」——というか、「クローズドQ」にする努力

僕が教えてきた約10年の実体験からも、「学びのサイクル」はこれしかない。

大事だから、補足説明していこう。

①「暗記する」――というか、「暗唱」

社会人は暗記をダサいと思っているのか、自分を天才だと思っているのか、「暗記」を避ける。

新しい概念を身に付けるのに、暗記しないと始まらんだろう。

復習をする人はいるが、「暗記」までする人はほとんどいない。

だから、常に僕は、生徒や弟子に「暗記しろ」と伝えている。

面白いもので、子供は「暗記しても理解しない」（九九とか、円周率とか、ね）。

でも、大人は「暗記するためには理解する」んだよね。理解しないで暗記するのは、気持ち悪く感じるからね。

だから、「暗記」と「暗唱」。

②「不自然に使う」——というか、「自然に」使うなんて100年早い

新しいことを習ったあとは、使わないと身に付かない。

見習うべきは「サッカースクールで、たまに来るコーチに、クライフターン（ボールを蹴ると見せかけ、軸足のうしろを通しながら、体を90度回転させて相手をかわす切り返しのワザ。実践で使える場面は非常に限られる）を教えてもらった小5の男の子」だ。

彼は、どこでも、いつでも、何時でも、「クライフターン」を使う。目の前に敵がいなくても、「使わなくてもいい」時にさえ使う。

しかし、その段階を経ることでその動きが身に付き、そのうち「あ、まさに、ココで使う」という場面で「自然に」使えるのだ。**最初から、「自然に」なんて、使えない。**

③「違和感の発生」——というか、「宝物」だよね、違和感

このステップでは、自然発生的に「**違和感**」という宝物が降ってくる。

学んだことを使ってみたら「なんか、おかしい。刺さらない。ウケない」という違和感を持つことができる。そうしたら、こっちのもんだぜ。

あとは、その違和感をメモするか、自分にメールするか、ラインのＫｅｅｐに書き込んで、忘れないようにしておこう。

④「質問する」――というか、「クローズドQ」にする努力

そして③まで行ったあとは、質問する。仕事であれば、周りにいる人材のなかで、あなたが一番優秀だと思う人に聞けばいい。

重要なのが、質問をする時は必ず、クローズドクエスチョンにすることだ。オープンクエスチョンはバカの始まりだ。

クローズドクエスチョンというのは、「この仕事のポイントは、〇〇をすることですか？」のような、「相手がＹＥＳかＮＯで答えられる質問」のことだ。

なぜ、クローズドクエスチョンで質問する必要があるのか？

それは「相手がＹＥＳかＮＯで答えられる質問」を考える時には、仮説が必ず出てくるからだ。

クローズドクエスチョンは、「あなたの仮説＋？（疑問）」を合わせてぶつける行為なので、質問をする前に必ず、あなただけの思考のプロセ

スが存在することになる。

そのステップがあるからこそ、「自分の理解が進む」「行動が変わる」質問になるのだ。

覚えてほしいフレーズだから、言うぜ。

オープンクエスチョンはバカの始まり。

以上が「学び方」の公式だ。まずは①〜④をスラスラ言えるくらい、暗記することから始めよう。

「大義名分」と「不純な動機」

――「ウイニング受験英語」加藤昭先生の教え

目標を達成したい時には、真っ先に「大義名分」と「不純な動機」という言葉を思い出してほしい。

人間は正論が好きだから、「大義名分」だけを口にするが、目標を達成するための本当のエネルギーの源泉となる「不純な動機」を口に出さない。

目標を達成する途中で困難に出会った時に、本当に役立つのは「不純な動機」だ。

みなさんが思いを馳せる目標は「大義名分」だけでは超えられないのだ。

例えば、「医者になる」という目標があったとする。

まず、「大義名分」というのは、「病気を患った人を救うんだ！」のようなことだ。これは当然大事だろう。

だが、それだけでは、その目標の前に立ちふさがった壁を超えることができない。

その時に必要になるのが、もう一つの「不純な動機」だ。「医者になって、可愛い彼女を作るぞ！　モテるぞ、ベイビー」というやつだ。

目標を立てる際には、この「大義名分」と「不純な動機」の2つをセットにすると、それらが両輪となってグルグル回り、達成しやすくなる。

これが目標達成のためのスウィッチ。

教えてくれたのは、僕の最初の師匠でもある、高校時代に通っていた塾「ウイニング受験英語」代表の、加藤昭先生の言葉だ。

ちなみに、これが僕の人生で出会った最初のスウィッチだった。

あなただけの「大義名分」と「不純な動機」を考えて、目標を達成してほしい。

第1章　全てはここから始まる「愛と想像力」

「愛と想像力」はビジネスだけでなく、人生の土台になる。
「そうぞうりょく」と言っても、「想像力」のほうだ。
「創造力」ではない。「創る」ほうではなく、「想う」ほう。

いつやるの
コイツのメアド
bad、news、first、
summer、love @
23日9
リアル
同窓会
5分!?
遅くともあと5分で食べてください
全員に返信しろし
251

電話の着信から見える「愛と想像力」

みなさんは、電話が繋がらなかった時、どうするだろうか？
当然、「アレ」をするだろう。でも、しないポンコツが実は多いのだ。
その度に思うわけだ、「愛と想像力」が足りん、モッタイナイよ。

着信があったら、どんな人でも気になってしまう。
「え？　何かあったのかな？」「ＬＩＮＥやフェイスブックメッセンジャーがあるのに、なぜわざわざ電話なのか？　何事？　もしや大事？」と非常に気になってしまう、ということを考えないわけだ、ポンコツは。「愛と想像力」が足りん！

着信を付けたら、そのあと、ショートメール、ＬＩＮＥやフェイスブックメッセンジャーで用件を送ろうぜ。

着信履歴を見て、「この着信は良いニュースだろう。ワクワク！」と考える人はいないから、ネガティブシンキングが世界2周して、ココ1週間を振り返り、起こりうる最悪のシナリオを想像してしまうからだ。

きちんとメッセージを送ってくる人もいるのだが、そのメッセージの内容が間違っているポンコツなビジネスパーソンもいる（「そんな人材になりたくない」と思ってもらうために、強めの表現をしている）。

「お話があります」「あとで電話ください」「連絡ください」……。

マジで、やめよう。受け取ったほうは気を揉んで仕事に集中できなくなってしまう。

この場合は、「お話があります。良い話です」「あとで電話ください。良い話です」「連絡ください。良い話です」と付けよう。

もし、悪い内容の連絡であれば、その悪いことを先に伝えてしまおう。

「Bad News First」だ。ちなみにこれは、悪いニュースは〝隠さず〟早く言え！ってことだ。

悪い内容であることを先に言って、相手に考えさせる時間を与えて、〝カッと〟直感的な感情で何か言われるリスクを下げる「Bad News First」には「得」しかないのだ。

とりあえず今日から、ルールにしてくれ。

「電話が繋がらなかったら、ショートメールで用件を」。

既読スルー／即レスから見える「愛と想像力」

電話の次は「メール」のご作法だ。

プライベートは賛否両論あるから本書では議論しないが、**ビジネスにおいては、徹底しようぜ、即レス。撲滅しようぜ、既読スルー。**

即レスしないことはイコール「返事するまで、相手を待たせている」ことになるので、相手の仕事がその段階で止まってしまうわけだ。

そう考えると、即レスで返信したほうがいいだろう。

多くの人が「即レス」の定義を取り違えているので、ここで改めて説明しておく。

僕なりの定義は、こうだ。

即レス＝そのメールに気づいた時、その瞬間に「返す」こと

いつ何時も、無理して即レスしろ！　という意味ではない。

だから、仮に、「12月4日、空いている?」とメッセージをもらって、「あ、今、その日、別の予定でブロックしていて、あと数日すればわかるから、わかってから、返事しよう」というポンコツ思考からは脱却しよう。

そのメッセージを「見た」瞬間に、「愛と想像力」で、「あと数日でわかるので、わかり次第、返事させてください」と連絡してほしいわけだ。

もう1つ、いつか一緒に働きたいと思っている天才エンジニア・渋谷拓さん（現・Navier株式会社の代表）との会話から、即レスの模範例を紹介しておく。

僕

たまには、ご飯いこう。刺激ちょ

天才エンジニア

ぜひ、いきましょう！

僕

14日以降でいこー。日程ちょ！

天才エンジニア

はい！　ちょっと、いまから、テレカン入るので、お昼までには日程お返しします。

僕

サンキュ！

注目すべきは「はい！　ちょっと、今から、テレカン入るので、お昼までには日程お返しします。」という一文。これだ。

即レスは、このレベルまで「クセ」として昇華してしまおう。

で、この「即レス」を因数分解すると、面白いことがわかってくるのよ。

即レス＝「気づいたら返す礼儀（＝愛）」×「メールを予想する力（＝想像力）」

だから、「即レス」できる人に仕事できる人が多いのがわかるだろう？

「返信がないのを相手が気にするだろうな」と相手の気持ちを配慮しているだけでなく、「このタイミングでメールしてくるな」と先読みしてメッセージしているわけだ。

そりゃ、仕事できるよね。

だから、「即レス」を意識すると、上司・マネージャーの動きを予想するクセがつき、ビジネスパーソンとしても進化できる。

誰でも、今すぐに実行できる成長法だから、オススメだ。

即レスは、ビジネスの基本。即レスはビジネスの世界で勝つための武器になるのだ。


余談だが、僕が経営している会社には、1つだけ、ルールがある。

それは、「僕のメッセージには即レスする」というもの。

それ以外は、ほぼ自由な環境だ。

唯一の社内ルールにしているほど、僕は即レスを大事な「スキル」だと思っている。

社員の1人=氣谷さんは、僕の「哲学」をくみ取って、「あのタイミングで作業するから、何か連絡来るかもな」と想像力を働かせ、愛を持って、即レスをしてくれる。

ので、結果、僕の仕事が止まらないで済んでいる。本当に、助かっている。

即レスは、ビジネスパーソンにとって、最低限持っておくべき「教養」みたいなものだ。


繰り返す、即レスは武器になる。

日程調整から見える「愛と想像力」

電話、即レスの次に「愛と想像力」が試される場面は、「日程調整」だ。
日程調整の仕方を見れば、その人の仕事能力が露骨にわかってしまうからだ。

こんな日程調整メールが来たら、イライラを通り越して、「おいおい……」と思ってしまう。どれだけ、ムラムラさせたら、気が済むんだって。

「高松さん、お忙しいと思いますが、自分の調整可能な時間帯としましては、平日であれば20時以降、夜中でも問題ないです。休日の定期的な予定としましては、

日曜日の9時30分－12時、22時－24時はミーティングが入っているような状況です。」

なんでこうなるねん！　みなさんに恥をかいてほしくないから、同じ轍を踏まないよう、もう１つ、ポンコツパターンを見ておこう。

「ぜひ、転職相談お願いします！
今週でしたら、水曜日〜金曜日の3時までですと都合がつきやすいです。
来週は月曜日以外、高松さんの都合に合わせられそうです。
どうぞ、よろしくお願いいたします。」

これではがっかりしてしまう。日程調整の形式は今から紹介するヤツやん。

「下記でお願いできますでしょうか。6月6日（土）14時以降、6月7日（日）10時から15時まで」

これくらい許したれよ！　という、寛大な人もいるだろう。

そういう意見があるのはわかるが、**僕が伝えたいのは、やろうと思えば誰でもできる日程調整でさえ「愛と想像力」を持てないヤツが、「大きなことを為す」わけねーだろ、ということだ。**

もちろん、大企業の社長や独立して大成功しているような、既に勝ち切って「愛と想像力」を一方的に受ける立場の人や、才能がバケツからあふれているような人は、ここまで意識しなくてもいいだろう。

だが、面白いことに、企業のトップに登りつめるような人ほど、この「気遣い」を徹底している。本人が徹底しているからこそ、相手からの連絡も、気遣いができているか、チエックしているものだ。

そんな人たちが「気遣い」をしているのだから、一般的なビジネスパーソンがこのレベルの細かい気遣いを徹底するのは当たり前の話なのだ。

繰り返す。

日程調整でさえ「愛と想像力」を持てないヤツが、「大きなことを為す」わけねーだろ。

日程調整の催促から見える「愛と想像力」

仕事柄、授業の日程調整を日々行っているのだが、バタついていると調整が遅れることがある。たまにあるというよりは、日常茶飯事だ。

その連絡の中で、「日程調整をしてもらえますでしょうか。少しだけ、先の日程も加えました」と、ほとんどの方が送ってくれる。

きっと、「タカマツは授業ずくめで、かつ、日程調整のお願いもたくさん来ているんだろうな。だから、遅れてしまっているんだろうな」と想像してくれた上で、愛を持って「そんな中恐縮ですが、授業を受けたいのでお願いします」という意味を込めて、このようなメールを送ってくれているのだろう。

しかしだ、こういうメールがたまにくる。

「遅くとも本日中には調整頂ければ幸いです」

この文面で送ってしまう気持ちは重々わかるが、これは絶対送ってはいけないNGメール。**「遅くとも」という、凶器。「遅くとも」は上下関係、上から目線の成分が含まれる言葉なのだ。**

自分が損するメールの典型で、これぞ、「愛と想像力の欠如」中の欠如なメールである。

繰り返すが、気持ちは重々わかる。

わかるけれども、もし今日中に連絡がほしいのであれば、「予定を固めたく、今日連絡頂くことは可能ですか？」「お忙しいところ、催促のようになってしまい恐縮ですが」という文面で送ればいいのだ。

だって、そのほうが得するじゃん。

失礼な文面でメールをしてしまう人は、きっと、わざと送っているわけではないのだと思う。

このようなビジネスマナーで一番怖いのは、本人が、この「失礼さ」というか「損していること」に気づいていないことだ。

そこが、この「欠如」の恐ろしい点なのだ。

メールを送るたびに、気づかぬうちに、自分の可愛げが失われ、上司、先輩、社外の人から愛を貰えなくなっていることに、気づいてほしい。

心当たりがあるだろうか？　もしあるのであれば、次に送る日程調整の連絡では、ここで書いたことに注意して、メールを送ってほしい。

メールから見える「愛と想像力」

メールの話が続くが、もう少しだけ、お付き合いを。

メールを制する者は、ビジネスを制する。

メールには「愛と想像力」をつめ込めるスペースが満載なのだ。

みなさんもチェックしてみよう。全部実践できているだろうか？

①プライベートメールアドレスは「名前＋数字」

検索するのが大変だろう、名前がアドレスに使われていなければ。「高松さんからのメールを確認しよう」と思った時に、僕のアドレスが、takamatsu〇〇（〇は数字）になっていれば、名前を検索に打ち込むだけで、すぐにメールが見つかる。

アドレスに「個性」を出すのやめようぜ、検索が面倒だから。

②メールの返信は当然「全返信」

意味があって、CCに入れているんだから。「この人はこのメールから外しておこう」というような「意図」があって全返信にしないのはいいのよ。

だが、意味なく、全返信にしない方、僕の人生には、ポツポツ出現する。

③やり取りのメール文は消さない

消してしまったら、メールの流れを思い出せないだろう？　あなたが送った相手が自分より偉かったら、なおさらだ。あなたの100倍メールをやり取りしているのだから。

④1メールには、1オーダーのみ

忙しい人は最初の数行を読んで、それが「報告」メールだったら、「上のほうだけ」見て閉じてしまう。

その下に、「加えて、これはどうしますか？」みたいなのがあっても、冒頭の「報告」で用件が済んでいると思っているから、気づけない。

⑤上司に見てもらう時はファイルはすべて「PDF化」

スマホでファイルを見る際、パワーポイントやワードファイルは崩れてしまうので、確認しにくい。PDFであれば、作った資料がそのままスマホで表示されるので、上司も電車などの移動中でも確認しやすいわけだ。これは基本中の基本。

⑥上司が過去のメールの返信できても、下っ端は「件名」を直す

そのまま返事したら、上司が混乱するじゃん。上司は面倒だから、過去のメールを活用して、メールしているだけ。件名は変えて、返信しよう。

かなり細かい話だと思うかもしれない。「メールごときで……」と思われた方もいるかもしれない。

だが、新入社員でも実践できるような、メールの気配り「ごとき」で「愛と想像力」を持てないヤツに、新規事業を成功させたり、ビッグプロジェクトを完遂させたりするような、大きなことを為せるわけがないだろう、ということだ。

サプライヤーロジックよ、さようなら

「サプライヤーロジック」という言葉をご存じだろうか？

サプライヤーロジックというのは、サプライヤー（提供側）の〝都合〟で行動してしまい、「愛と想像力」が欠如していることを言う。

もっとわかりやすく言うと、お客様を店側の都合に従わせてしまっている状態のことだ。

このサプライヤーロジックについて、僕がよく使う飲食店を例にして、語っていこう。

そのお店は、味も最高、場所も最高なのに、お皿の片付けだけ、ウルトラサプライヤーロジックなのだ。

どんなに話が盛り上がっていても、空いたお皿があると問答無用で片付ける。

毎回そうされるので、店舗運営のルールなのだろう。

ここで注目してほしいのは、この「お皿を片付ける」という行為がどこからきているかだ。それによって、「お皿を片付ける」という行為の意味が変わってくる。

お店側の運営意図をコンサル目線で分析すると、次のどちらかが、お店の「本心」だと推測できる。

お客さんにとってお皿が邪魔だろうから、片付ける
VS
お店として早く片付けて、次のお客さんを入れたい

この時、「お客さんにとって」ではなく、「お店として」、すなわち、お店の勝手な都合で片付けをしていたという場合、それは立派なサプライヤーロジックになってしまうわけだ。

この飲食店が惜しいのはこの部分なのよね。

広々としたカウンターや開放的な空間と、店内の雰囲気は素晴らしいのだ。が、お客さん同士の会話が盛り上がっているにもかかわらず、運営の都合だけでお皿を片付けるあたりに、サプライヤーロジックを感じてしまうのだ。

その度に、これぞ、「愛と想像力」の欠如だと思ってしまう。

飲食店のようなサービス業は、「愛と想像力」が試される場面が数多く存在する。1人でも「愛と想像力」が欠如している店員さんがいると、知らぬ間に、お客様をイライラさせてしまう。それが積み重なっていくと、口コミサイトにおける悪評に繋がり、最悪の場合は、閉店という悲しい事態を引き起こしてしまうこともある。

もう1つ例を挙げると、おつりを渡す時だ。

会計を済ませておつりを渡す時に、「お札の上に、小銭を置いて渡す」店員さんがいる。これも、どこからきた行動かを考えてみよう。この行動は、次のどちらかが要因として考えられる。

お客さんが受け取る際に、そのほうが財布に入れやすい
× VS
お店側として、そのほうが渡しやすい

どんな財布でも、お札と小銭は別々で入れるので、この渡し方はサプライヤーロジックから来ていると考えられ、サービスという観点で見ると、最悪の渡し方なのである。

このように、巷には「愛と想像力」を試される場面が多く存在する。

人生は、本当にこのような「些細なところ」が見られているのだ。それも偉い人、実力のある人ほど、チェックしているものだ。

ここでは飲食店を事例としているが、仕事においても同じである。神は細部に宿る。知らぬ間に、最高の人生と最悪の人生に振り分けられている。

あれ、どうなった？ はサヨナラの合図

会社という組織の中で、最も「愛と想像力」を発揮するべき相手が、上司。

良い意味でも、悪い意味でも、上司との関係が、あなたの社会人人生を左右する。

その上司との関係で、最も注意すべきなのが、「あれ、どうなった？」という言葉だ。これはサヨナラの合図である。


コンサルでは、マネージャーから「1日単位」、下手すると「1時間単位」で管理されるので、「あれ、どうなった？」と確認されるという文化はあまりない。

しかし、事業会社では（自分のNTTデータ時代を思いだしても）、「この日までにやって」と言われることはあまりなく、ほわっと、上司から「宿題」をもらうことが多い。

しかし、これが本当に「罠」だ。

なにせ、「いつまでにやって」という明確な締め切りを言われていないのに、上司から「あれ、どうなった？」と言われたら、終わりだからだ。まさに、罠。

上司がその言葉を発した時点で、「相手の期待値」＝このタイミングまでにほしかった、という期限を超えてしまったことを意味するからである。

付け加えておくと、「あれ、どうなった？」と言われたあとに、「あの資料はできています！」と言って見せるのもアウトなのだ。

なぜなら、「できているなら、なんで見せなかったわけ？　あれ？　もしかしてその間、さぼってやろうと思ったわけ？」と上司に突っ込むスキを与えてしまうからだ。

つまり組織人は、期限を言われていない中で、「愛と想像力」を発揮して、「あれ、どうなった？」と確認されるちょっと前に提出することを求められるという、離れ技を期待されている、とても高度な職業なのだ。

「座る位置」にも「愛と想像力」

ここでは、飲食店などでの「座る位置」に関する「愛と想像力」の話をしたい。

先輩や上司とランチをする機会も多いだろうが、その時に意識しておいてほしい内容だ。

仮に、あなたがマネージャーだったとしよう。そして、プロジェクトの〆で、メンバーの3人を連れて、軽い打ち上げに行くことになった。

その中で一番偉いのは、マネージャーのあなただ。

この場合、みなさんはどこに座るだろうか？

当然、奥側の、いわゆる上座に座ってしまうと思う。一般的なビジネスマナーでも、「偉い人は上座に座る」とされている。

僕も師匠の「加藤広亮さん」（僕がBCGでお世話になった師匠。当時、シニア・パートナー）に言われるまでは、そう思っていた。

加藤さん、僕、メンバーでご飯に行った時のことだ。僕が「加藤さん、奥の席に」と言うと、加藤さんは「いや、僕は手前の席でいいよ」と仰ったのだ。

「なんか、これは意図があるな」と思い、質問したわけよ。

そうしたら、ね。

「高松さん。それはね、仮にこの４人でご飯食べているシーンをクライアントが見かけたとするでしょ。その時、奥に偉い人が座っている様を想像してごらんよ。偉そうに見えるでしょ？
それって、『いい感じ』には見えないのよ。だから、手前なのよ」

と言われて、師匠がより大好きになった。

この話で大事なのは、いかに「相手の立場を想像できるか」ということだ。

もしあなたの上司が、メンツを非常に大事にする人であれば、通常のマナーに従って、上座を案内したほうがいい（これは「商人魂」でもある）。

逆に、クライアント先の近くで食事をする時は、「もしお客様がこのお店に入ってきたら……」と想像して、自分が奥の席に座ったほうがいい。

要は、今の状況、文脈、メンツなどを、頭をフル回転させて、相手をいかに尊重できるかが、勝負を分けるということだ。

「愛と想像力」は、奥深く、活用できる場面が目白押しなのである。

上司とのタクシーの乗り方に見える「愛と想像力」

さて、タクシーに乗る時にも、「愛と想像力」を示すタイミングが隠されている。

「できるビジネスパーソン」であれば、精算→降車をスムーズにするために、事前決済のアプリや、小銭を用意しておくことは当然、誰でもやっているだろう。

それに加えて、僕が注意していたのは「座る位置」だ。

古代のビジネスマナーの礼儀としては、後部座席の「奥」に上司が座ると教わる。

だが、必ずしもそうではない。

なぜなら、後部座席の「奥」に座るためには、「手前に座る」より、一回分「よっこいしょ」が多いからだ。

「これは目上の人に余計な体力を使わせることになる」と捉えれば、当然、手前に座って頂いたほうがいいよね。

だから、BCG時代、愛する師匠「加藤さん」とタクシーに乗る時は必ず、**「先に、乗ってしまいますね」**と前置きをして、奥に座るのが「常識」だった。

この「先に、乗ってしまいますね」こそが、「愛と想像力」の発露で、ビジネスにおいて大事な気配りなのだ。

些細な気配りではあるが、こういう小さなことができるかどうかが、ビジネスの基本であり、コンサルティングの根幹を為す哲学にも、実は繋がってくる。

僕は2013年にBCGを辞めたのだが、〝辞めよう！〟と思ったのは、「嶋津紀子」（今や、サーチファンド界の星）がきっかけだ。

僕がプロジェクトリーダーをした際のメンバーだったのが、嶋津さん。

プロジェクトが1週間くらい経った時、「あ、これ、10年後、きっと、嶋津には勝てないわ。なら、辞めよう」と思ったのを今でも鮮明に覚えているし、退職時のフェアウェルのスピーチでもその話をしたくらいだ。

そんな、モンスター嶋津と、プロジェクト中にこんな議論をしたことがある。

「頭いいってなんだろうね。なんだと思う？」と質問した時、モンスター嶋津が、即、こう答えた。

「そうぞうりょく。『創る』ほうじゃなくて、『想う』ほうの、想像力」

この言葉には、仕事だけでなく、人生の本質が詰まっている。それくらい大事な言葉だと思っているから、ここで紹介した。

ほんと、この「想像力」が頭の良さを決めるんだよね。

だから、みなさん、みなさーん、しばらく、「愛と想像力」をキーワードにしてみないか？

「愛と想像力」の正体は？

本章の主役である「愛と想像力」というスウィッチを、「飲み会での一幕」で説明してしまおう。

飲み会で「あー、君、気が利くね」という場面があるだろう？　合コン、会社の忘年会でもよく聞く言葉だ。

その「気が利く」とされている行動の1つに、「空になったグラスにお酒を注ぐ」というものがある。

このワンシーンから「愛と想像力」の本質を、解き明かしていく。

「あー、君、気が利くね」を因数分解すると、次のように表すことができる。

【あ、あの人のグラス空きそう】×【じゃー、注ごう】

この因数分解を「愛と想像力」というスウィッチに当てはめると、

【あ、あの人のグラス空きそう＝想像力！】×【じゃー、注ごう＝愛！】

になるわけだ。

この分解したものから考えると、飲み会における「ポンコツ」は2種類存在する。

1つは、前者の【あ、あの人のグラス空きそう＝想像力！】に気づかないパターン。

【グラスが空きそうなことに気づかない】×【だから、当然、注げない】↓「想像力」が足らん、となってしまう。

もう1つは、後者の【じゃー、注ごう＝愛！】がない人のパターンだ。
【あ、グラスが空きそう！　と気づく】×【だけど、注がない】↓「愛」が足らんとなるわけよ。

順番で言えば、「想像してから愛を注ぐ！」から「想像力と愛」なのだが、なんだかゴロが悪いので、逆にして、「愛と想像力」にしている。

ここまで書いてきた電話の着信も、即レスも、日程調整・催促も、メールも、タクシーも「愛と想像力」があれば、自然とできる。

逆に言えば、前述の5つを意識してやれば、「愛と想像力」が磨ける。

「愛と想像力」という言葉を暗記すれば、意識が変わって、行動が変わるのだ。

口癖にしてしまおうぜ。

「それは、愛と想像力の欠如だよ、君」と、言いまくろうぜ。

その先にある思考法「辻褄思考」

「愛と想像力」は万能薬。至るところで効果を発揮するスウィッチだ。

ここで、「愛と想像力」の中でもとっておきの思考を紹介する。

それは「辻褄思考」である。

仕事をしていると、毎日とは言わないが、1週間に1度くらいは、「は？　何を言ってくれちゃってんの？」ということが起きる。

BCGの思い出で言えば、「あの事例調査はしなくていい」という指示だったのに、「明日までにやって！」とマネージャーから言われるとかだ。

振られた仕事があまりに重そうで、咄嗟に、直感的に「は？」と叫びたくなることは、どんな人でも経験したことがあるはずだ。

コンサルティングファームでも、マネージャーがいきなり、昨日、いや、ついさっきと真逆のことを言ってくることが、頻繁に起こる。

そんな時に思い出してほしいのが、このフレーズだ。


「どう考えれば、辻褄が合うだろうか？」


そもそも、自分とマネージャーでは「視座の高さ」が圧倒的に異なるわけだ。

コンサルティングファームでマネージャーになるような人であれば、実力も段違いであるし、各業種、業界の知見も圧倒的に深いはずだ。

顧客との接点も多いから、そこから入ってくる情報も、自分とは量、質ともに、比較にならない。

自分よりも「高い」ところから、マネージャーは遠くを見ているわけだ。

だから、マネージャーからの指示が理解不能だったりした場合、まずは感情を抑えよう。それからマネージャーの発言が正しいと仮定して、「どう考えたら、マネージャーの一見、『は？』と思える発言の辻褄が合うだろうか？」と、思考してほしいのだ。

僕のBCG時代の例で言えば、「きっと、ここ数時間で、クライアントからインプット（追加情報）が入り、別の調査が必要になったから、今までとは逆の発言になった」と考えることができれば「辻褄が合うな」と思えるわけだ。

マネージャーに質問する時も「今までと真逆の指示ですよね？」と相手を責めるような姿勢ではなく、「クライアントやMD（マネージング・ディレクター）からインプットが入ったので、今まではいらなかった調査が、必要になったということですよね」という会話になる。

そうすれば、マネージャーとの関係が近くなるだろうし、それ以上に、「指示の背景」

まで教えてもらえる可能性が高くなるので、自分の知識、スキルも向上するだろう。

更に、自分の「想像力」も検証できるので、組織人として進化できるというおまけ付きなのだ。

「愛と想像力」の応用である「辻褄思考」を多用してほしい。そうすれば、違う世界が見えてくるはずだ。

「辻褄思考」は出世への近道なのだ。

その先にある思考法「ロナウジーニョ思考」

ロナウジーニョとは、あのブラジルが生んだ天才サッカー選手。と思っていたら、最近では、パスポート偽造で捕まったというニュースが出たりしていた。時は流れるものだ。

ここで紹介するのは、そのロナウジーニョの全盛期である日韓ワールドカップの時、僕がＮＴＴデータ時代からの親友と神楽坂でご飯をしていた際に生まれた思考法だ。

宴もたけなわ、〆のタイミングで、焼茶漬けの「**梅**」を頼んだわけよ。

そうしたら、「**鮭**」が出てきたわけよ。

「は？」じゃん。

僕みたいにせっかちでなくても、「は？」じゃん。

その時生まれたのが、ロナウジーニョ思考だ。

僕はその時に、こう考えた。

「こんな失礼なことは、ロナウジーニョには起きない」と。

こんなミスは、あのロナウジーニョには起きない。今、世界で大活躍しているロナウジーニョが「梅」を頼んだら、店員さんは絶対に「鮭」と間違えることはない。

つまり、「僕にはまだまだ実力がないから、こんなミスが起きる」と捉えて、怒りをエネルギーに変えてしまう思考こそが、ロナウジーニョ思考なのだ。

イライラをムラムラに変換するのも1つの手なのだが、その先を行く思考が、ロナウジーニョ思考だ。

正直なところ、辻褄思考とロナウジーニョ思考を持っているだけで、もはやどんなことでも、エネルギー、イマドキに言えば、プラス思考に変換できる。

あなたが失礼なことをされたその瞬間に、ロナウジーニョ思考を駆動させてほしい。

「想像力」の鍛え方

「想像力」も、もちろん「スキル」なので、鍛えることが可能だ。

『ポール・スローンのウミガメのスープ』（エクスナレッジ）という、「想像力」を最高に鍛えてくれる本がある。そこから、「Q2　残ったリンゴ」（9ページ）という問題を引用させていただく。ここでは、鍛錬としてその問題を解いてみてほしい。

部屋の中にはリンゴが6つ入ったかごが置いてあり、女の子が6人いた。女の子が1人1つずつリンゴを取ったが、かごの中にはまだリンゴが1つ入っている。
なぜだろう？

このような難しそうな問題を出されても、解き方さえわからず、「ひらめき」を待ってしまうかもしれない。

そういう場面が、「想像力」の鍛えどころなのだ。

一見、難しそうな問題が出てきた時にどう考えるか。その考え方のコツは、出されている問題の状況を〝色濃く〟想像すること。

例えば、

「リンゴ」の種類は？

「かご」の形は？

「部屋」とはどんな部屋なのか？

「6人の女の子」の名前は？

という感じで、まずは、本質ではなさそうな部分を描いてみることから始める。

映画監督になって、その映像を撮っているくらいのイメージで、細部まで想像していく。

リアリティを持って考えてほしいので、実際に、かごと6つのリンゴを用意して、このシチュエーションを再現してみてほしい。

手元にかごとリンゴがない場合は、「紙コップをかご、クリップをリンゴ」と見立てて、考えてほしい。実際に「モノ」を目の前に置くことで、よりイメージが高まり、考えやすくなるはずだ。答えが浮かんできただろうか？

本当の答えにたどり着いたら、「あー、なんだよ！」と悔しがるはずだ。

リンゴは実は7つあったから！

リンゴを一部カットして取ったため、1つ余った！

女の子のうち、1人は取ったんだけど、返した！

実は1人は男の子だったため、1つ余った！

元々、リンゴを1つ持っている女の子がいて、それをかごの中に入れたから！


これらは、全て間違いだ。

ここで諦めてはもったいない。わからないところで踏ん張って、もっともっと、粘って考えてみるのが、想像力アップの秘訣だ（このあとに答えを書いているので、まだ考えたい人はここで読むのを一旦ストップ！）。

この問題の答えは、「最後の女の子が、かごごとリンゴを取ったため」だ。答えを聞くと、「あーっ！」と思ってしまうはずだ。

大事なのは、答えに至るまでのプロセス。

物事を考える時に、リアルに考えるクセができると、自ずと想像力が増していく。

『ポール・スローンのウミガメのスープ』は本当に「名著」なので、興味がある方は、ぜひ読んでみてほしい。

「リアル同窓会」

この章の最後に、自分の将来の夢を見つける方法を教えておこう。
「将来何になりたいか？」は誰もが抱える悩みの1つだと思う。
就活の時も、もしかすると今も、かもしれないが、「俺、何になりたいんだっけ？」と、ふとした瞬間、思ってしまうものだ。

そんな悩みに抜群の効果を発揮するのが「リアル同窓会」だ。

ここまで述べてきた「想像力」を活かして、同窓会のシチュエーションをイメージしてみてほしい。

年末も近くなり、昔から仕切ってくれているお調子者の同級生が、同窓会を開いてくれた。5年ぶり、いや、10年ぶりの人もいる。

こんな機会もめったにないので、色んな気持ちが沸き起こるが、参加することになった。

多くも少なくもない人数で、会場は顔が全員見える中華の円卓だった。

乾杯したあと、オモムロに、幹事がこう言い放った。

「10年ぶりの人もいるので、時計まわりで、今の近況報告をしてよ」


そこで考えてほしい2つの問いがある。

「その中で、どういうことを言っている人に嫉妬しますか？」また、「あなたは、自分の現状をどのようにみんなに言いたいですか？」。

この2つの問いを考えると、あなたの〝なりたい姿〟の輪郭が濃くなる。

人は「理論」よりも「感情」に従う生き物だから、「嫉妬」や「言いたい」というプライドをイメージすると、より思考が深くなるのだ。

その「感情」を生み出すために、「リアル同窓会」を使うことで、あなたが心の底から本当に望んでいる生々しい〝なりたい姿〟が浮かび上がってくるのだ。

第2章
なにがなくとも「チャーム」

「チャーム」は、「可愛げ」
「なんか、許される」という意味で、
BCGではロジカルシンキングよりも
大事にされていると、僕は思っている。
しかし、「チャーム」について、
語っている人が非常に少ないので、
実践している人も少ない。
「チャーム」も技術。
スウィッチにすることで、
あなたの魅力が上がっていく。

「参考にします」というポンコツ発言

第2章のテーマは「チャーム」だ。チャームは、簡単に言うと「可愛げ」のこと。

周囲から愛されるか、愛されないか、で人生の充実度は段違いになる。

まずは「言葉遣い」から、チャームを研究していきたい。

「チャームがない」人からは、ポンコツ発言がパレード行進してくる。

言葉遣いで、「この人、損しているな」と感じることが多いのだが、

その代表例が「参考にします」という言葉。

もしかしたら、みなさんも「他意なく」使っているかもしれない。

BCG時代も、「チャームがない」同僚の会話をよく目の当たりにしていたが、まさに、

「開いた口が塞がらない」とはこのことだなと、今でも鮮明に覚えていることがある。
それは、ジュニアメンバー（入社1〜2年目）が、2年先輩のコンサルに「パフォーマンスが上がらない」という相談をしていた場面だ。

後輩：「マネージャーからスライドが全然ダメと言われ続けています」
先輩：「なるほど。でも、それはみんなが最初は言われることだから」
後輩：「とはいえ、私自身も悔しいので、どうにかしたいんですよ」
先輩：「であれば、まず、スライドを書くプロセスを進化させたほうがいいよ」
（と始まり、20分、色々なアドバイスをしたあと……）
後輩：「参考になりました」
先輩：「……それはよかったです。では、また！」

という会話だ。この会話の「ヤバさ」にお気づきになっただろうか？
先輩も大人だから、「それはよかったです。では、また！」と返しているが、本当だったら、こう返したいくらいだろう。

先輩：「参考になりました？　え？　参考にしかならなかったってこと？　違うだろ、

『**勉強になりました**』だろ」

たとえ先輩のアドバイスがポンコツだと思ったとしても、それを表に出さずに、「勉強になりました」と言っておいたほうが、別の機会があった時に教えてもらいやすいはずだ。

これは社会人としての本当に最低限のマナー。

僕も運営している「考えるエンジン講座」を通じて、様々な相談を受ける。

アドバイスを親身に行って、最後の返事が「参考になりました」と「勉強になりました」では、終わったあとの清々しさが変わる。

たったそれだけで、損している人がいるのだ。

それに気づかず、こういう発言をしてしまうことを、まさに、「チャームがない」と表現するわけだ。

「そうなんですよ」というポンコツ発言

誰かに相談した時に言ってはいけない発言ランキング、第1位が「そうなんですよ」だ。コンサルで言えば、ジュニアメンバーが、マネージャーに相談している時によく見かけた光景なのだが、その度に目を覆いたくなった。

ジュニア：「入社半年で、まだ立ち上がれずにいるんですが、どうしたらいいでしょうか」
マネージャー：「タスクを洗い出す前に、論点を書き出したほうがいいよ」
ジュニア：「**そうなんですよ。**切羽詰まって、どうしてもタスクに目がいってしまい」
マネージャー：「ほい。じゃ、がんばってください」

もうね、テンションがだだ下がりになってしまう、この「そうなんですよ」。

なぜ、この発言がダメなのか。

それは、「そうなんですよ」という発言に潜んでいる「成分」がカギを握っている。

「そうなんですよ」には、「そんなことわかっています」という意図・意味が含まれており、それが相手に伝わってしまうのだ。

わかっていますよ。言われなくてもわかっています。

その発言を聞く度に思う、「チャームがない。本当にモッタイナイなぁ」と。

目上の人にアドバイスをもらった時は、「確かに言われてみれば、そうですね」と前置きするか、テンション高く「なるほどぉおお」とリアクションすればいい。

わざわざ時間をとって教えてもらっているわけだから、相手を気持ちよくして、ガンガン語ってもらったほうが得だろう。

教えてもらう中で、良い相槌を打つことで相手を気持ちよくさせて、可愛げを売りながら、自分も成長する。これが本当にできる人の姿なのだ。

ポンコツ発言の「害悪」

ここまで紹介してきた発言の最大の「害悪」は、無意識や故意ではないこと。

本人がわざとやっているものではないため、相手を「イライラ」させていることにも気づけないから、余計にタチが悪いのだ。本当にモッタイナイ。

世の中には「なんか、報われないなぁ」と思っている人は多いかもしれないが、それは運でも、周りのせいでもなく、「言葉遣い」に原因があると僕は思っている。

言葉遣いを誤ると、知らぬ間に周囲から嫌われ、報われない人生になってしまう。

そうならないためにも、更に3つ、ポンコツ発言を紹介しておく。これらの発言をしないように、注意してほしい。

①「本当ですか?」というポンコツ発言

「そうなんですよ」と同じレベルで、お前はポンコツか！　と叫びたくなる。

「確かに」「なるほど」と言えばいいのだ。

例外として、「褒められた時」には「え!?　本当ですか？　嬉しいです」と返すのはOKだが、「自然に使う」のは高度なので、自信がなければやめておこう。

②「共感しました」というポンコツ発言

「共感しました」は、相手を「上から評価した感」が出てしまうポンコツ発言なので、できるだけ避けてほしい言葉遣いだ。

そんな言葉を選ばなくても、「感激しました」「感動しました」「目から鱗です」という言葉遣いをするほうがいい。

リスクが低い上に、相手をおだてられるのだから、最高でしょ。

③「誰が来るの？」というポンコツ発言

これは飲み会などの日程調整をしていると、よく聞かされる言葉だ。

この発言をしていいのは、「共演ＮＧ」を出せる、大物だけ。

この発言、チャームどころか、「愛と想像力」の欠如も甚だしい。

幹事は日程調整を速やかに終え、お店の予約に入りたい。

幹事はそもそも面倒くさいものなのに、「誰が来るの？」と質問されるのは、面倒オブ面倒だよね。

ポンコツ発言は相手の心に木霊し、何かにつけて、思い出されてしまう。

ぜひとも、気を付けてほしい。

「言葉遣い」よりもテンション2度上げる

チャームを違う言い方にすれば、「一緒に働きたい」と思われる力。

もう少し詳しく言えば、「まぁ、仕事はできないけど、入れてやっか、プロジェクトに」と自然と思わせてしまう力が、チャームだ。

ポンコツ発言をしないことは途轍もなく大事だが、それ以上に重要なのが、「テンションを2度上げる」である。

要するに「暗いヤツ」とは仕事したくないってことだ。誰しも最初は仕事ができないのだから、せめてテンションは上げようぜ、明るく振る舞おうぜ、ということだ。

これを言うと、「僕はby natureとして、テンションが低いんですよね」と言ってくる人もいる。

僕はその度に、「家の端っこで体育座りしているのであれば構わないが、世に出て、仕事モードになるなら、無理してでもテンション2度上げるのが、礼儀」と伝えている。

ここでポイントなのが「2度」上げてほしいと言っている点だ。

天才的な芸人のように、好きな子からラインが来た時のように、テンションを高めろ、という話ではない。

あくまで、通常よりも「2度」だけ、ほんの少しでいいからテンションを上げろ、ということだ。

人間って面白いもので、たとえ、プラス2度したテンションが「普通」だったとしても、その「テンションを無理やり2度上げている感」は不思議と伝わるものだ。

その姿勢から、自然と相手に愛が伝わるので、それでOKなのだ。

みなさん、テンション上げているか？

オンラインミーティングで第1声を取る

——第1声シェアNo.1

「テンションを2度上げる」を発揮する場の際たる例が、オンラインミーティングだ。

新型コロナウイルスにより、対面の打ち合わせや出張が減り、その代わりにオンラインミーティングをする機会が増えているだろう。

直接会わないどころか、顔さえ見せなくてもいいオンラインミーティングこそ、チャーム発揮の場だ。

「論点設計がめちゃくちゃ最高で、発言も示唆たっぷりで切れ味抜群」の人材なら、テンションを上げる必要もない。

しかし、僕らポンコツはそうはいかない。

普通の人であれば、絶対にしたほうが得なのが、オンラインミーティ

ングの「第1声」を必ず、自分が取る！　ことだ。

第1声シェアNo．1を目指そう。

僕もオンラインミーティングをする機会は多いが、画面が表示された瞬間に、「こんにちは！　今日はお時間ありがとうございます！」と、パシッと言ってくる人は、ほとんどいない。

僕から、「こんにちは！　最近、お仕事の調子どうですか？」と、気を遣っているほどだ。

画面に打ち合わせ相手が映った瞬間に、「お世話になっております！」と言うだけだ。新入社員どころか、小学生でもできることだと思う。

それをするだけで、相手にチャームを感じさせることができるのだから、これほど簡単でお得な技はないだろう。

ほんと、you 目指しちゃいなよ。　第1声シェアNo．1。

「語尾」でこうも変わります

ここでお伝えしてきたように、「発する言葉」で変わるのだ、チャームって。

誰でもできる、そんな小さな気遣いだけで周囲からの評価が変わるのだから、スキルとして身に付けてしまおうぜ、というお話だ。

「発する言葉」では「語尾」も大きなポイントになる。

その中でも代表的なのが、「ご連絡致します」という言葉。

メールやチャットで、誰でも毎日数回は使っているこのワード。

これも少し言い換えるだけで、愛嬌ある言葉になるのだ、それも本当に簡単に。

「ご連絡致します」を、次のように言い換えるだけだ。

「ご連絡させてください」


「ご連絡致します」と比べた時の、この偉大なる印象の違いを味わってほしい。

もう、お分かりかと思うが、

「ご連絡致します」
VS
「ご連絡させてください」

このように、「ご連絡させてください」のほうが「下から」感を出せるわけだ。

目上の人に連絡する時でも、「下から」の印象で入ることで、相手が気を悪くすることはない。

語尾が違うだけで、伝わる印象は全く違うものになる。

こんな「些細な」ところでも、見ている人はチェックしているので、語尾にも細心の注意を払っておこう。

「出されたお茶の缶」の扱いに見える人生

チャームは、人生の至るところで発揮できる。

可愛げというのは、その人の魅力を表すものなので、仕事でも、プライベートでも、家族といる時でも、男女関係でも、いつ何時でも、周囲からチェックされているものだ。

逆に言えば、他の人がチャームを意識していない「細かい」場面でも、愛嬌のあふれた振る舞いができていれば、より愛される人になれる。

その「細かさ」をお伝えするために、ビジネスパーソンが頻繁に遭遇する場面を例に、説明していきたい。

それは「お茶」を出された時だ。

会議や商談などで、相手からお茶を出されると思う。

このお茶が出された場面こそ、「チャーム」を試されているぞと、スウィッチを入れたい瞬間である。

問題は、会議が終わり、その飲み終わった「出されたお茶」をどうするか？　である。

「喫茶店」で出されたかのようにそのままにしておく VS 「ごちそうさま」とともに「このままでもよろしいですか」と片付けようとする

もちろん後者が正解だが、余裕を持って健やかに人生を過ごしていないと、自然とはできないものだ。

今後お茶を出された際は、「チャームの発揮場面だ！」と思ってほしいのだが、お茶を出される場面以外にも、「チャーム」の使いどころは無限にあると意識しておいてほしい。

「ご馳走さま」が聞こえない

先輩や上司とご飯に行く機会もあるだろうが、そこでもチャームを発揮する場面が隠されている。

それは「ご馳走さま」をどんな場面で伝えるか、だ。

いつ、どのタイミングで、どんな感じで「ご馳走さま」を言えばチャームが伝わるのか、それを教えよう。

僕が若い頃、先輩にご馳走になっていた時期に意識していたのが、誰かにご馳走されたら「4回、ご馳走さま」を言う、ということ。

これぞ、チャームど真ん中の、後輩らしい礼儀だ。

・1回目＝「奢ってもらい、お店を出た時に」

まずはお店を出た時。ご本人に言うとともに、道を歩いている人にも聞こえるくらいの勢いで言っておこう。ご馳走になったのだから。

・2回目＝「その奢ってくれた方との別れ際」

その方がタクシーでさっと帰る時か、はたまた、駅で別の電車に乗るタイミングで伝えるのがいいだろう。

「先輩！　ありがとうございました」と仁侠映画さながらに、ご馳走さまを言おう。

・3回目＝「自分が自宅の最寄り駅に着いた時に、メールで」

ご馳走したほうも、会社の経費とかでないかぎり、1人になった瞬間ふと「今日、結構、高かったなぁ」とか思ってしまうのが人間というもの。そんな時の「ご馳走さまでした」は確実に刺さる。

・4回目＝「次に、連絡を取った時にメールで」

ここまでできて、ゴールである。次に連絡を取る時に「先日はご馳走さまでした」と言えたら、最高である。

第0章で書いた「商人魂」も意識して、実践してほしい。

ここまでやれば、「いい後輩だー、また奢ろう！」と先輩から思われて、仕事でも色々、可愛がってもらえる存在になれるはずだ。

「チャーム」の正体は？

――チャームを因数分解

チャームについてピンと来たところで、ＢＣＧで培ったコンサル力でチャームを因数分解してみよう。

覚えておいてほしいのが、因数分解というのは「何か目的があって」する、ということだ。目的の設定ができていないと意味がない。

今回は、チャームがない人が課題発見するために、どうすれば可愛げが身に付くか、というのが最大の論点だ。

チャームを因数分解すると、こうなる。

チャーム＝【物理的な強さ】×【距離感のつめ方】×【つめた時のパンチカ】

この3つで、チャームは構成されている。

【物理的な強さ】＝イケメン、美人、可愛い
【距離感のつめ方】＝物理的、精神的な距離
【つめた時のパンチカ】＝話、振る舞い

のようなイメージだ。

各要素をもう一段深掘りして因数分解すると、チャームの正体がよりわかりやすくなる。

【物理的な強さ】＝【面】×【体のバランス】×【ファッションセンス】

物理的な強さ、というのは外見のことだ。想像してほしい。美人のほっぺ右下にご飯粒がついている→それを指摘→舌でとる→チャーミング、となるだろうが、おっさんの僕のほっぺ右下にご飯粒がついている→それを指摘→舌でとる→ not チャーミング、となってしまうだろう。

【距離感のつめ方】＝【自分で踏み込む力】＋【他人に踏み込ませる力】

「他人」と思われているうちは「俺はお前を育てたい。可愛がりたい」とはならない。だから、その距離を縮めないといけない。その時、もちろん、ぐっと自分で行けることも大事だ。あと、忘れてはいけないのは「他人に踏み込ませる」ということだ。「ディフェンシブ」にならず、一種の「隙《スキ》」を見せることで、他人に「近づいて」もらいやすくするのも、技術である。

【つめた時のパンチ力】＝【標準の理解力】＋【15度ズレを起こす力】

距離がつまった時に、面白い発言・行動がないと、チャームには変換されない。「普通はこうするところを、そうしちゃう？」っていうのが人間の魅力になるからだ。

まずは、自分の周りで「チャームのある仲間」を思い出して、「彼女はこの因数が強いんだな」「彼はこの因数が魅力的なんだな」と検証してほしい。

そうやって自分なりに思考することこそが、あなたのチャームを上昇させるのだ。

「チャーム」が死ぬ時

一度、可愛がってもらえる関係になったとしても、それで安泰だと思ってはいけない。
そこで気を抜いてしまうと、チャームは死んでしまうことがある。

チャームが死んでしまう、その典型例が「相談」の後工程だ。

チャームを活かし、ボス、先輩の仲間に入れたら、人生やビジネスの相談をすることもあるだろう。その時に注意しなければいけないことが2つあるのだ。

1つ目は「相談したら、そのあとどうなったか？　まで報告する」ということ。これが意外とできない人が多い。

後輩から相談を受けたら、僕は全力でアドバイスする。時には、誰かを紹介する場合もある。だが、その時に「会いっぱなし」の人がいるのだ。

「相談したら、そのあとどうなったか？　を報告する」のはマナーだ。

「お時間を頂戴し、こういう話を聞いてきました！　ありがとうございました」まで伝えるのがセットなのだ。


もう1つは「アドバイスには、100%、全乗っかりするまでがセット」であるということ。


相談をした時は、アドバイスされた内容を100%やるのが当然だ。

そこまでするからこそ、次はよりレベルの高いアドバイスをくれるのだ。


この相談の話は「プロとの接し方」にも適用できる。

例えば、僕は表参道の美容院「NORA」の広江一也さんに髪を切って頂いているのだが、彼に任せたあとに、僕から「あーだーこーだ」と指示したことなどない。

プロフェッショナルである美容師さんに、素人のお客さんが「髪の毛の切り方」で言えることなどない。

だから、「そこをもうちょっと切って」とか言っている人を見ると「モッタイナイ」と思ってしまう。
素人が指示を出したら「天才」の世界観が崩れてしまうからだ。
みんな、相談する時はご注意を。
失われたチャームは戻ってこないぜ。

「師匠を持つ」技術①

——愛と想像力×チャーム

僕がＢＣＧでマネージャーまで昇進し、独立後もここまでやってこられたのは、偉大なる師匠を持てたことが大きい。

「偉大なる師匠を持つ」というのは、多大なる好影響を及ぼす。

なぜ、僕が師匠を持てたのか？　そのポイントは何だったのか？　コンサル時代の古き良き思い出を振り返りながら、３つのポイントにまとめてみた。

①素直に愛を「言葉」で伝える

みんなしないのよね、ほんと。

異性には、「好き」とかふにゃふにゃ言うくせに、仕事では言わないのよね。

僕の尊敬している師匠の1人に「佐々木靖さん」というBCGのMD（で、日本支社長）がいる。

今でも可愛がってもらっているし、本書の出版が決まった時も、「おかげさまで、本出します」とショートメッセージを送ったほどの関係だ。

僕は、素直に「愛を伝えたい」と思った時は、照れずに伝える。

例えば、佐々木さんがMDに昇進が決まった時は、電話した。

あとから聞いたが、他の人はメールだったらしい。

僕が辞めたあとに、彼がシニア・パートナーに昇進したことを知ったのは休日だったのだが、すかさず、A4で数枚、感謝を綴った。

それを持ってオフィスの近くまで行き、まだ在籍している元同僚に出てきてもらって、こっそり机に置いてもらった。朝一で見てもらえるように。

そして、佐々木さんがBCGの日本支社長になった時は、今までの感謝をプロ漫画家・山本ゆうかさんに頼んで「9コマ漫画」を描いてもらい、額縁に入れてプレゼントした（本書のイラストも山本さんの作品だ）。

在籍中、佐々木さんには他の人以上に迷惑をかけた。僕が彼のことを大好きで尊敬していたというのもあるが、ここまで自然とやれたから、今でも目をかけてくれるのだと思う。

②タイミング、息を合わす

佐々木さんとプロジェクトをご一緒した時の思い出だが、佐々木さんはウルトラ朝型なのだ。その当時、佐々木さんは朝4時起きで、5時仕事開始だった。

だから、僕はそれに合わせて仕事をしていた（佐々木さんに命令されたわけではない。あくまで自主的なものだ）。

佐々木さんが朝5時にPCを開き、メールを見始めるなら、僕は朝5時に合わせて、見てもらいたい資料を作り上げるということだ。

僕の働き方は、前日の深夜2時~4時で仕事をし、佐々木さんが仕事を開始する朝5時に合わせてメールして、その間に寝る、というサイクルだった。

これは師匠を持つ技術であり、プロフェショナルの基本だと思っている。

③期待を超え、予想を裏切る

忘れもしないが、クリスマスイブにオフィスにいたら、師匠の加藤さんに呼ばれて、こう言われた。「佐々木さんの部屋に行ってきて。頼みがあるらしいよ」と。

佐々木さんの部屋に行くと、そこで「明日から、デューデリジェンス（企業価値推定）やってくれない？　クリスマスから」とお願いをされたのだ。

了承すると、佐々木さんに「明日朝9時からミーティングする」と言われたので、僕は「ほーい」と返事をして、席に戻った。そこから10時間、もくもくと、提案書や関係書類を読みながら、論点設計、基礎調査をして、翌日の朝9時には万全の仕上がった状態でミーティングに参加した。

「期待を超える。予想を裏切る」というのは、このレベルまでやらねばならない。

これらは強制されてやったのではなく、「自主的」に徹底していたものだ。

この3つを徹底してやったことが大きいと思う、佐々木さんとの関係がここまで近くなれたのは。

ほんと、僕は「チャーム」だけで、今、ココにいる気がしてきた。

「師匠を持つ」技術②
――愛と想像力×チャーム

師匠を持つ技術第2弾。

僕の師匠「加藤広亮さん」との思い出を振り返り、なぜ弟子にしてもらえたのかを、今回も3つのポイントに絞って「勝手に」述べたいと思う。

「勝手に」とつけたのは、到底、加藤さんの「本当の」思考など理解することはできないからだ。あくまで僕が想像したものである。

①研ぎ澄まされた天才とは近づくなかれ、抱きしめろ

BCGのMDである加藤さんは当時、「BCGで資料のクオリティが1番高く、BCGで1番、厳しい人」と言われていた。

本人も認めていると思うが、実際、めちゃくちゃ厳しかった。

天才との人間関係は、ボクシングと同じようなもの。

ボクシングでは、格上の相手に近づけば射程距離に入り、ボコボコにされる。しかし変に距離を取っても、ボコボコにされてしまう。

天才との付き合い方も同じで、中途半端に近づいたり、離れたりしたら、ボコボコにされてしまう。

では、どうしたらいいか？　ボクシングで言うとクリンチ。仕事で言えば、抱きしめる。距離ゼロになれば、どんなに良いボクサーでも、パンチを繰り出せない。

怒られるとか、そういうことを気にせず、飛び込んで距離ゼロにしてしまおう。

②言いにくいことは先に言う

加藤さんは頭が良すぎるのだが、気配りも半端ない。

そこをちゃんと「愛と想像力」を使って、弟子である僕が、加藤さんの気の遣い方を超えなければならない。

思い出すのは、炎上しまくっていたプロジェクト。次に設定されている金曜日の夕方のミーティングもたぶん、炎上する。

加藤さんから、僕らが作った資料に対して、「なんだこれは！　クライアントにこんなもん出せるか！　どうすんだよ、来週頭にクライアントとミーティングがあるのに」と叱られるのは火を見るより明らかだった。

あなたなら、どうするだろうか？　僕はこの場面でどう行動したか？


加藤さんがミーティングルームに入るや否や、僕はすかさず声をかけた。

「加藤さん、明日の土曜日に出社してもらえませんか？」と。

加藤さんは怖くても気を遣いまくる人だから、メンバーに「土曜日も仕事しなさい」とは言わない。だが、プロとしては価値を出す必要があるから、ストレスもたまるわけだ。

だからそれを先読みして、こちらから、「明日もやりましょう！　お願いします！」と言ってしまえばいいのだ。相手に変な気を遣わせないことにより、チームとしてのパフォーマンスが上がるということだ。

そうすれば、金曜日で炎上しても、土日でリカバリーできるし、少なくとも「ゆとり」はできる。

ちなみに、これは2005年のBCG在籍時の話だ。今は時代的に難しいと思うが、マインドとして、これぐらいの「気持ち」は持っておいてほしい。

③裏表なく、「喧嘩する」

加藤さんとはよく喧嘩した。喧嘩するほど仲が良いというのを超えて、周りがひくほどのレベルだった。それも小学3年と、5年生がするような喧嘩だった。

だが、この裏表なく喧嘩したことが、師匠↔弟子の関係を築けた秘訣だったと思う。

僕が辞める時に、加藤さんがスピーチをしてくれた際、「高松が小3、私加藤が小5、佐々木さんが中2でしたね」と言っていたのが象徴的だった。

能力も何もかも遠く及ばない、加藤さん、佐々木さんと、「大人のビジネス関係」ではなく、「小学生的な関係」で付きあえたからこそ、僕は最高の師匠を持てたのだ。

チャームのその先へ「ファン化」

チャームが行き着く最終形についてお話しして、この章を締めよう。

チャームを簡単に言えば、先輩に「お前を弟子にしたい」と思わせる力であり、スキルだ。

その先にあるチャームの最終形態として、「お願いだから、教えさせてくれ」と、逆に向こうがお願いしてくるレベルがある。あなたにはそこを目指してほしい。

それが「ファン化」だ。

その「ファン化」の真髄を「ピザトーストのタバスコ」を例に説明していきたい。

「麻布珈琲」を知っている人は、メニューにある「ピザトーストにタバスコをかけているシーン」を想像しながら読んでほしい。

一言で言うと「ファン化」というのは「順番が逆になること」を指す。

最初のうちは、【ピザトーストを食べる】→【(よりおいしく食べるために)タバスコをかける】という順番だったはずだ。

この状態では、タバスコは「ファン化」までは至っていない。ただ好きという感じだ。

だが、この状態が変化するタイミングがある。

【タバスコをかけたい】→【そのためにピザトーストを食べる】となる、この入れ替わった瞬間こそが「ファン化」だ。

この「ファン化」を、もう1つ、僕が通っている美容院の話で説明しよう。

最初のうちは、【髪を切りたい】→【(そのために)美容師の広江さんに会いに行く】という順番だった。

この状態では、僕は広江さんのファンにはなっていない。普通のお客さんとカリスマ美容師の関係だ。

だが、通っているうちに、いつのまにか、【美容師の広江さんに会いたい】→【（そのために）髪を切る】となるタイミングがある。

これこそが「ファン化」の瞬間である。

「ファン化」させることはビジネスのゴールでもあるので、一筋縄ではいかない。

「愛と想像力」をフル回転させた上で、「チャーム」を生かして、相手との精神的な「距離」を埋めていくしかない。

この「ファン化」は、チャームというものが生み出す、最高到達点なのである。

本書を読んだあなたには、チャームは当たり前として、「ファン化」のレベルまで突き抜けてほしい。

あなたの「ファン」は何人いるだろうか？

第3章
戦い方が異なる「答えのないゲーム」

みなさんは気づいているだろうか、
もう「答えのないゲーム」の世界にいることを。
社会に放たれた時から、
「答えのあるゲーム」は終わっている。
しかし、ほとんどの人はそれに気づかず、
「答えのあるゲーム」のルールで行動してしまっている。
それでは、絶対に勝てない。
今日から意識し、これを口ぐせにしよう。
「答えのないゲームなんだからさ」

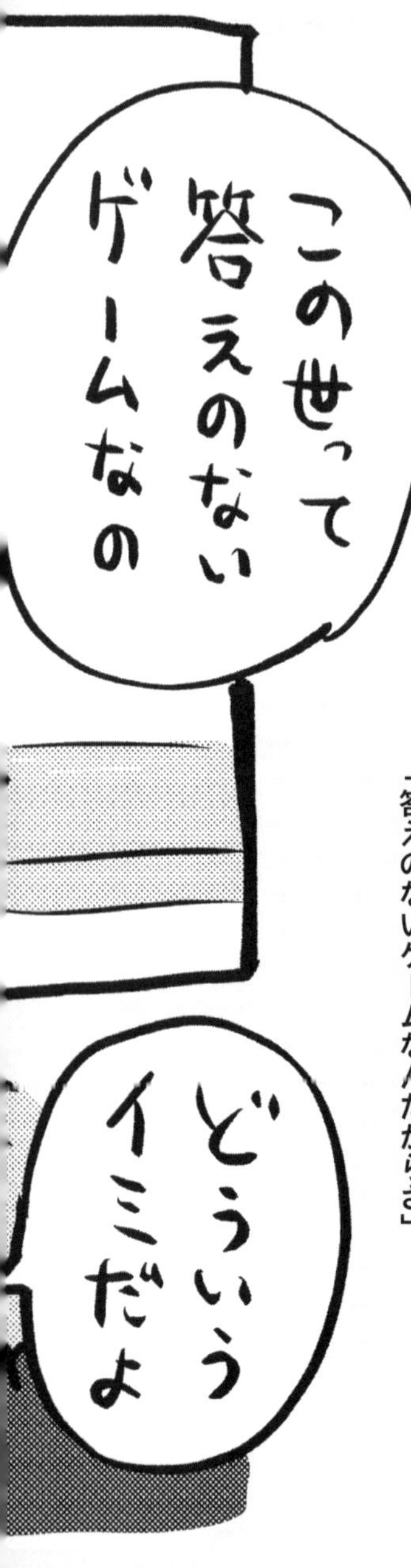
この世って答えのないゲームなの
どういうイミだよ

フッ
答え
答えろ
炎上中
いいセリフ〜
ださっ

ホワイトカラー　VS　ブルーカラー

——これは職業の区別じゃない

ビジネスは「答えのない」戦いだ。そんな世界で生きていく上で、ぜひ知っておいてもらいたいことがある。

それは、ホワイトカラーとブルーカラーの違いだ。

ホワイトカラーとブルーカラーの違いを知ってはじめて、「答えのない」ビジネスの世界の入口に立つことができる。

次の職業はホワイトカラーか、ブルーカラーか、どちらだろうか？

「ホテルの清掃員として、部屋のドアを開けた瞬間から、清潔感があるだけでなく、いかに前の利用者を想像させない部屋を作れるか？　いつも考えながら仕事をしている人」

「PMO（プロジェクト・マネジメント・オフィス）チームとして、与えられたプロジェクトメンバーの尻叩きのために、毎週決まった曜日、時間に、『このタスクは終わっていますか？』『いつ終わりますか？』とただ聞いているだけの人」

前者のホテルの清掃員は「答えのないゲーム」をしているホワイトカラーで、後者のPMOマンは「答えのあるゲーム」をしているブルーカラーだ。

ホワイトカラーとブルーカラーの差分は「その職業に対する哲学」や「思考量」にある。

職業そのものに貴賤はない。

その仕事をしている人が、どれだけ思考を巡らせて働いているのか、その「心持ち」に貴賤があるのだ。

しかしだ。「答えのないゲーム」をしている人が、あまりに少ない。

もう少し言うと、「答えのないゲーム」なのに、「答えのあるゲーム」の戦い方をしている、モッタイナイ人が実に多い。

この章では、その戦い方の方法論を伝授しよう。

「答えのないゲーム」の戦い方①
――プロセスがセクシー

「答えのないゲーム」の戦い方は3つ。その1つ目は「プロセスにこだわる」ことだ。

ビジネスの世界では「答えがない」のが当たり前だ。一次方程式のように「あー、これだけが唯一無二の正解」というのは、受験には存在するが、ビジネスには存在しない。

普通のことを言っているように思えるだろうが、大学受験までは「答えのあるゲーム」だったから、この当たり前の事実に慣れていないどころか、下手すると知らない人が多い。

答えがない、ということは、その結果を「答え」では判断できない。

では、何で判断すればいいのか?

その判断基準は「プロセス」だ。「答えを出すプロセスがセクシーなのだから、きっと答えもセクシー」と考えるしかない。

だからこそ、徹底的にプロセスを磨き込み、それを愚直にやり続けるというのが、「答えのないゲーム」の攻略方法なのだ。

この話をする時にいつも例に出すのが、イチローだ。僕の定義では、イチローも、「ホワイトカラー」として答えのないゲームを戦っていた。

「いかにヒットを打つか?」について、僕らにはわからないレベルで思考していたはず。ヒットの打ち方に正解がないからこそ、現役時代のイチローは、プロセスに徹底的にこだわっていたように思えた。あの独特の打ち方も最強のプロセスだ。

あそこまでしなくても、イチローはヒットを打ちまくっただろう。

だが、彼は磨き込んだプロセスを忠実に行うことで、前人未到のヒット記録まで残せたのだと、僕は思っている。

完全に、プロセスの美だ。

あなたの仕事にもプロセスが存在するはずだ。そのプロセスに徹底的にこだわることが、ビジネスパーソンとして成長する近道なのだ。

「答えのないゲーム」の戦い方②
――選択肢を「2つ」作る

「答えがない」ということは、１つの答えだけで判断できるような「絶対基準」はないということだ。１つの答えでは判断できないとすれば、どうすればいいか、わかるだろう？

もうわかるよね？　見出しを見ているからわかるよね？

それは、「選択肢を２つ以上作る」である。自分で選択肢を２つ以上作り、そのどれがいいか？　で判断するしかないのだ。

わかりやすいように、卑近な例から話を始めよう。

例えば、「都内でランチを食べる時、どのお店にするか？」で悩んでいたとしよう。

これも「答えのないゲーム」だ。

その時に、「ココイチでカレー、一択でしょ」にはならないのだ。なにせ、「答えのないゲーム」だから、1つのお店だけで判断できるわけがない。

この場合は、「ココイチでカレーか、いきなり！ステーキでお肉か」など、2つ以上選択肢を作り、比較するのだ。

パワーポイントで資料1枚を作るにしても、「このフォーマットとあのフォーマット、どっちもイケるな」と最低2つ選択肢を作った上で、どちらかを選ぶのが大事なのだ。

そして、これも重要なポイントなのだが、2つの選択肢から選ぶと、オートマチックに「2つ選択肢があるのに、なぜそれを選んだか？」を考えることになる。

これこそが、思考力を高めていく過程で、実は大事な要素なのだ。


まず手始めに、目の前の仕事で、最低2つは選択肢を作ることからやってみよう。

企画であればアイデアを2つ作ってみる、会社の改善案を求められているのであれば、その案を2つ作ってみる。

その上で、自分なりに考えてみて、どちらか1つを選択する。

それを積み重ねていくと、「答えのないゲーム」の戦い方がだんだんわかってくるだろう。

「答えのないゲーム」の戦い方③

——炎上万歳、先炎上

資料などの成果物や、企画会議で新しいアイデアを共有して、その瞬間に「いいねぇ。それだわ、それ、それ!」と誰もが賛成することはほぼない。

「お、いいねぇ」と言ってくれる人もいるかもしれないが、「そのアイデアは全然ダメ」と言う人が同時に現れることが普通だ。何事もなく議論が終わったら、それは「嘘」だ。偉い人に忖度しているか、やる気がないか、メンバーの誰もがポンコツか、のどれかだ。

「答えのないゲーム」では、スムーズに物事が進むことはかなり少ない。「議論をして、炎上する」のが普通なのだ。なぜなら答えがないのだから。

色んな意見が出るのが当たり前で、その中から仲間と必死に考えて、最も正解に近い「仮説」をなんとか見つけるのが、仕事というものだ。

だから、炎上万歳なのだ。

直近の1年間を振り返った時、自分の仕事を上長に説明し、「は？　全然ちげーけど」と叫ばれ、炎上したことはあっただろうか？

もし、炎上していなかったら、それは「あなたが優秀だからではなく、ポンコツの可能性がある」と認識して、今一度、「答えのないゲーム」の戦い方を思い出す必要がある。


ここまで説明した3つの戦い方は暗唱できるだろうか？

①プロセスをセクシーにするしかない。
②選択肢を2つ以上作るしかない。
③炎上するしかない。

この3つをぜひ覚えて、実践してみてほしい。

ちょっとしたアクシデントが発生しても、難なく対応できるようなマインドが育っているはずだ。

「言語化」を磨く方法は1つしかない

「答えのないゲーム」の極地が「言語化」だ。

作家でなくとも、チャットやメールなどで、1日に何度もあなたの言語化力は周囲からチェックされている。

もし言語化が下手だったら、連絡をする度に少しずつ、マイナス評価されていくことになる。

そうならないために、言語化の正しい方法を理解して、今日から言語化力を鍛えるトレーニングを始めよう。

トレーニング法として最適なのは、「答えのないゲーム」の戦い方の1つである「常に2つ以上の表現を頭に思い浮かべてから、選択する」

を意識することだ。

例えば、この本では「ポンコツ」という表現を**わざと**選択して使っている。

これは「どうやったら、楽しく読んでもらえて、行動を変えてもらえるか？」という「答えのないゲーム」を戦った末に、選択された言葉だ。

バカ
VS
ポンコツ
VS
お茶目

など、複数の表現を思い浮かべ、その中から今回は「ポンコツ」を選んだわけだ。

ここで、言語化力というのを因数分解すると、

言語化力＝【語彙力】×【「2つ以上」の表現を思い浮かべて選択する習慣・精神】×【その回数】

となる。

この因数分解から考えると、語彙力を増やし、「2つ以上の表現を思い浮かべる」ことを習慣にする回数を増やしたら、自ずと言語化力は上がるのだ。

言語化も「答えのないゲーム」の1つだから、選択肢として挙げた言葉のうち、どれを伝えたかはそれほど重要ではない。

「どの言葉で伝えるべきか、相手を想って考える」というプロセスが「愛」として伝わるかが大事なのだ。

例えば、上司や取引先に返信するメールの文面に「正解」はない。

「この内容で返信した時に相手がどう感じるか」「このタイミングでこの言葉は使うべきか」「このメッセージを送ると喜ぶかもしれない」というような自分なりの思考で言語化することに意味がある。

小さな積み重ねだが、このサイクルを日々繰り返していくうちに、あなたの言語化力はある日、急上昇するだろう。

「答えのないゲーム」は言葉選びから。

「答えのないゲーム」の正体は？

もう、僕の意図が掴めただろう。「答えのないゲームをしているんだからさ」という投げかけを、僕が頻繁にしている意図を。

ポンコツはすぐに正解を求めるから、「これが答えですか？」と質問してくるのだが、本質はその答えが正解かどうか、ではない。

個人の成長という観点から見ると、正解だけを知るというのは、全く意味がない。

大事なのは、その答えを出した「プロセス」や「メンタリティ」だ。

それを習得する必要がある。

そして、何かをスキルとして習得する時は、学習した内容を目に映るすべてに適用するくらいまで振り切らないとダメだ。

「答えのないゲーム」の戦い方も、それが当てはまらない場面では使わない、と考えるのは愚の骨頂だ。そのマインドでは、絶対に物事を習得できない。
だから、みなさんに降りかかる問題、宿題、タスクはすべて「答えのないゲーム」と設定して、ここまで読んできた内容を常に当てはめてほしい。

すべての問題に、「答えのないゲーム」の3つの戦い方、

①プロセスをセクシーにするしかない。
②選択肢を2つ以上作るしかない。
③炎上するしかない。

を使いまくっていこう。
「答えのないゲームなんだから」を、口ぐせにしようぜ。

「フェルミ推定」とやらがコンサル面接で出題される理由

コンサルティングファームの入社試験は特異で、「ケース面接」と呼ばれている。

そこで出される代表的な問題の1つが「フェルミ推定」というものだ。

「表参道のゴールドジムの売上高は？」「バスケットボールを趣味にしている人の数は？」のような問題を5分で考えさせられる。

自分が在籍していた業界だが、一歩離れて見ると、気持ち悪い世界ではある。

僕がBCGに入った頃には既にその文化だったので、かれこれ、15年以上は続く伝統芸になっている。

コンサルの面接ではフェルミ推定が出され続けているわけだが、この真意は、この章で語った「答えのないゲーム」への耐性を見ていると、

僕は思っている。

「こんな問いに答えられるわけがない」と誰もが感じてしまう問題を解かせることで、コンサルタントが得意にしなければならない、「新型コロナウイルスにどう対応するか？」「10年後の市場はどうなるか？」などの正解が存在しない問いに取り組める素養をチェックしているのだ。

しかしながら、世に出回っている「フェルミ推定の解き方」を見ていると、「これではコンサルとして通用しない」というような解答ばかりで笑ってしまう。

もう、みなさんも暗記しているはずの

①プロセスがセクシー
②2つ以上選択肢を作る
③炎上万歳、先炎上

これらを、フェルミ推定に重ね合わせながら、説明しよう。

まず、②2つ以上選択肢を作る、から見ていく。これはフェルミ推定で言えば、解くために必要となる因数分解を2種類作り、それらを比べて、どちらかを選ぶということを意味する。

例えば、お題が「銭湯の市場規模を答えよ」だったら、1つ目は【銭湯に行く人の数】×【年間平均利用回数】×【1回の料金】となる。

もう1つは【銭湯の数】×【1つの銭湯の売上】がいいだろう、というように解き方を2つ出して、片方を選ぶ。

これが筋のいいフェルミ推定の考え方だ。

世の中の解き方がズレているのは【何を選んだか？】にフォーカスして、【こういう場合はこの因数分解が正解】という教え方をしている点だ。そういう話じゃないのよね。

フェルミ推定も「答えのないゲーム」の1つだから、教え方としては「2つの因数分解を出した点」にフォーカスすべきなのだ。

これが、①プロセスがセクシーに関係してくるわけだ。

計算した値という「結果」ではなく、解き方という「プロセス」に注目する。

それこそ、この章で説明してきた「答えのないゲーム」の戦い方だっただろう？

そして、③炎上万歳、先炎上で、面接官との議論が盛り上がれば通過するし、盛り上がらなければ不合格になる。

出した値が正解と近似値だったとしても、「正解に近いから」という理由で合格することは100％ない。

だから、フェルミ推定対策としては、正しい値を出せるかではなく、いかに盛り上がる議論ができるかを学ぶ必要があるのだ。

以上を30分の面接で見るわけだが、正直なところ、10分話せば面接官はわかってしまう。目の前の人材が「答えのあるゲーム」の住人か、「答えのないゲーム」の住人かはすぐわかるのだ。ニオイや、発言に自然と滲み出る。

この話は、本1冊分くらい話せるテーマではあるが、そろそろ「この本はコンサル本じゃないんですけど……」という編集者の金山さんの声が聞こえそうなので、この話はここまでにしておく。

ほんと、みんな、「答えのないゲーム」しようぜ。

第4章 ポンコツの誤解

――フレームワーク、MECE、因数分解、ロジック

みなさん、
フレームワーク・MECE（ミーシー）・
因数分解・ロジックとの
「付き合い方」が
あまりに間違っている。
今までの「常識」を
この章を読んで、上書きしてほしい。

規律
オフィス・オブ・ザ・デッド
あー
あー
う゛ー
ぽけー

「プールサイドのラーメンはなぜ、美味しいか？」を暗記

この章では「フレームワーク」「MECE」「因数分解」に関する、すべての「誤解」を丁寧に、解きほぐしていく。まずは次のことをチェックしてほしい。

✓「フレームワーク」と言われると、「3C」や「4P」を想起すると思うが、因数分解もフレームワークの1つであると認識できているだろうか？

✓そして、「フレームワーク」を出発点に物事を考えてはならない。「フレームワーク」は、あくまで「MECE」に見せるために使うツールであると認識できているだろうか？

✓「MECE」は「ミーシー」と読み、「モレなくダブりなく」を意味するが、これが「言い訳フレーズ」であると、認識できているだろうか？

日頃から僕は、この「認識」をちゃんと理解した時、本当の意味で、この崇高なる「フレームワーク」「MECE」「因数分解」を武器にできると教えている。

具体的なお題で理解するのが手っ取り早いので、そこから伝えていこう。

今回のお題は「プールサイドのラーメンはなぜ、美味しいか？」だ。このお題で、「フレームワーク」「MECE」「因数分解」を「正しく」使いながら、説明していく。

ここでは、「あー、使い方、そうなのね」という認識を持って頂ければOKだ。

まずは、「プールサイドのラーメンはなぜ、美味しいか？」の理由を挙げていく。

ポイントは、いきなりフレームワークに当てはめないことなのだが、これをする人が実に多い。理由を挙げる前にフレームワークを作り、そこに当てはめる作業から始めるのは間違った思考法だ。

僕的な表現を使えば、「フレームワークバカ」。

まずはとにかく、プールサイドのラーメンを思い出しながら、「自問（なぜか？ ほんとに？ それだけ？ など）」を繰り返すことから始めてほしい。

「①ラーメンがめちゃくちゃ美味い」↓（なぜか？）↓「②ラーメンを食べる時、お腹が空いていた」→（ほんとに？）→「③その食べている場所と一緒にいる人が最高」→（それだけ？）→「④昔の記憶がそうさせている」というような感じで、思考の深掘りをしていくのだ。

この段階で、「プールサイドのラーメンが美味しい」理由が4つ出てきた。

仮に、この段階で説明するとしたら、「プールサイドのラーメンが美味しい理由は4つあります。1つ目は……」という伝え方になる。

だが、このような伝え方だと、当然、次の質問が来てしまう。「え？　理由って、それだけなの？　他にはないの？」と。

ここで初めて、フレームワークの登場である。自分が考えた理由を単なる思いつきと思われないように、フレームワークをとってつけたように作る。あくまで説明責任を果たすためだけに、フレームワークを使うのだ。

フレームワークをうまく扱えていない人が持っている誤解は、ここにある。

フレームワーク起点で考えれば素敵な考えが生まれる、という誤解。フレームワークの役割は、あくまで説明責任を果たすこと。それ以上でも、それ以下でもない。

なので、羅列してきた「プールサイドのラーメンが美味い理由4つ」を、まるで全部だよ！　と思わせるようなフレームワークを、因数分解を使って作る。例えば、次のようなフレームワークだ。

フレームワーク＝【A　ハード】×【B　ソフト】÷【C　魔法】

もう一段、僕なりに掘り下げると、

【A　ハード】×（【B1　お腹の空き具合】＋【B2　環境／場所】＋【B3　一緒に食べる人】）÷【C　4人は過去を美化する動物】

というフレームワークになる。

これに、先に挙げた①〜④を当てはめる。

ここまで整理したあとで説明する時は、「フレームワーク→中身」という順番で伝えればいい。ここまで構造化すれば、相手から「それだけ？」というツッコミは出てこない。

以上が正しい「フレームワーク」「ＭＥＣＥ」「因数分解」の使い方だ。

みなさんの思っていた使い方と「ズレ」があったと思う。「フレームワークから考え始めるもの」という思い込みを持っていた人が多かったのではないだろうか。

繰り返す。

フレームワークは説明責任を果たすために＝「ＭＥＣＥ」に見せるために存在する。

そして、因数分解というのは、そのフレームワークの１つだ。

とにかくまずは、〝制約なく〟自由に、問いに立ち向かうことが大切だ。

フレームワークバカにならないためにも、この大切さを覚えておいてほしい。

「フレームワークで考えてください」はバカにされている

フレームワークで考えると、クリエイティブで、セクシーな思考ができて、最高の答えが出てくると信じられている。

これは大いなる誤解だ。本当に謎だ。

僕は、フレームワークを盲信している人を皮肉を込めて**「フレームワークバカ」「フレームワーク教」**と揶揄《やゆ》している。

BCGにいた時も、フレームワーク起点で考えたことなど、一度もない。

フレームワークを駆使することで付加価値が出るプロジェクトも、ごく稀にはあるが、99％はそんなことで付加価値はつかない。

フレームワークを一言で表現すると、「制約」なのだ。

「制約がある」と意識するだけで、発想は狭まってしまう。

なので、いきなりフレームワークを当てはめてしまうと、自由な思考はできなくなる。

「3Cで考えてください」「4Pで考えよう」「5フォースではいかがですか?」。

これらはすべて「制約である」ということに他ならない。当然、発想は狭まる。

だから、「フレームワークで考える」というのは、ポンコツの所業なのだ。


だが、後輩コンサルタントから「そう言われても、『フレームワークで考えてください』と言われます」という相談をよく受ける。

その真意をお教えしよう。

ここからの話はコンサルティングファームに入社してまだ日が浅い人や、経営企画室のような部署で働いている人は心して聞いてほしい。

なぜ「フレームワークで考えてください」と言われるのか?


その理由は簡単だ。期待されていないからだ。

コンサルティングファームでも、マネージャーが仕事を振る時、次のように考えていることが多い。

自由に発想してもらうと、ホームランを狙えるが、三振もある VS フレームワークで考えると、シングルヒットを狙える

意識してか無意識でかにかかわらず、仕事を振るマネージャーは後者の「フレームワークで、シングルヒットを狙える」を選択しているわけだ。

つまり、マネージャーは「ホームランを打つわけねーだろ」とあなたに期待しておらず、「期待してないけど、シングルヒット、そこそこの結果は出してくれよ」という気持ちを込めて、「フレームワークで考えてよ」と言っているのだ。

フレームワークにはご用心。

MECEは「言い訳の始まり」

――彼氏の家でピアスをなくした話

フレームワークの危険性を伝えたところで、コンサル本によく出てくる「ＭＥＣＥ」についての誤解を解いていきたい。

最初に断っておくと、ＭＥＣＥは「無用の長物」だ。

その意味が理解できる、最高の会話クイズがあるので、それをまずは紹介しよう。

彼女から電話があった。

「ねぇ、さとし。あのさ、部屋でピアスを落としたっぽいから、探してもらえる？」

その電話を受け、さとしは部屋の中を探した。

しばらくして、さとしは彼女に電話をかけた。

プルプルプル、ガチャ。

「あー、全部探したんだけど、（　　　　　　　　）」

さて、ここで問題。「括弧の中の空欄には何が入るでしょうか？」。1分で考えなさい。

もちろん、わかるはずだ。

括弧の中には「見つからなかったよ」と、絶対にマイナスなセリフが入ってくるはずだ。「見つかったよ」だと思った人がいたとしたら、MECE以前に、もっと違うことを学ぶ必要が出てきてしまう。

この会話から伝えたいのは、**「モレなく、ダブりなく」を表すMECEが、クライアントや部長から「全部、見たのかよ？」と突っ込まれた時に、言い訳できるツールに成り下がってしまっている**ということだ。

この例でもわかるように、もしピアスが見つかっていたら「あー、全部探したんだけど」という前置きなしに、「見つかったよ！」とだけ叫ぶことになるよね。

更に言うと、MECEは、害悪なのだ。なぜなら、分析調査のような「答えのないゲーム」で仮説を出す時には、クライアントが気づかなかったような新しい気づきを見つける必要があるわけだが、その際に、「無理矢理でも『宝物』を見つけてやるぜ！」というエネルギーが必要になる。

だが、「MECE」に溺れていると「とりあえずMECEに調べればいいや」という思考回路になってしまうのだ。

そうなると、「宝物」＝クライアントが気づかなかったようなインサイトを見つけようとするエネルギーも弱くなる。

「MECE」が「宝探し」をやめる免罪符になっている。なので、害悪なのだ。

そもそも、ビジネスが「答えのないゲーム」だから、MECE＝モレなく、ダブりなく、という概念がフィットしないのだ。

だから、MECEなんて絶対使ってほしくない。

ダメ、絶対、MECE。

「直感」も因数分解
――「文系の因数分解」と「理系の因数分解」

「フレームワーク」「MECE」を蹴散らしたところで、次は「因数分解」だ。

例えば、「直感を鍛えたい」と思ったとしよう（実は、抜群に仕事ができるコンサルタントは直感力が異常に高い）。

直感を鍛えるためには、その要素を抽出する必要がある。ここで因数分解の出番なのだが、「直感」をぱっと因数分解できるだろうか？

「市場規模」や「売上」のような因数分解には慣れている人も多いだろうが、「直感」のような「定性的」なものは、あまり馴染みがないかもしれない。

実は因数分解は、「文系の因数分解」と「理系の因数分解」の2つに分けられる。

この2つを使い分けると、より深いレベルでの思考が可能になる。

両者の違いを学ぶために、「直感を鍛えたい」を実践例として、因数分解していこう。

まず、因数分解を開始する時、餌を目の前にしたパブロフの犬のように、「分解だ！分解だ！」と反射的に反応してしまっては、その瞬間にゲームオーバー。

焦らずに、「直感を鍛える」ためのヒントをイメージして、じっくりと思考してみよう。

ポイントは、因数分解した要素が、次の議論に繋がるものになっているか、に注意しながら考えることだ。

僕が「直感」を因数分解すると、こうなる。

直感＝【直感が働く】×【その直感に沿って、行動する】

このように、「行動」のような「定性面」に着目して因数分解していくのを「文系の因数分解」と呼んでいる。

その一方で、マッサージチェアの市場規模を考える時に、マッサージチェア市場＝【保有者】÷【耐用年数】×【単価】のように分解することを「理系の因数分解」と定義している。

この「2つの」因数分解を駆使すると、難題に直面した時、「分解して、考えること」をベースに思考を深めることができる。

本書の言い方をすれば、「理系の因数分解」は「定量的」な問題を得意とするため、「答えのあるゲーム」で強みを発揮する。これは他のビジネス本でもよく言及されているので、馴染み深いはずだ。

一方で、「文系の因数分解」は、「定性的」な問題を得意とし、「答えのないゲーム」に向いているのだ。「停滞した組織」「時代とマッチしない風土」のような世の中にあふれる、「定性的」な問題に取り組む上での武器になる。

「文系の因数分解」と「理系の因数分解」という2種類があることを知っておくと、目の前の課題を、「定性的」「定量的」にきちんと切り分けて問題解決できるようになる、ということだ。因数分解はMECEほど嫌いじゃないよ。

ロジックには2つある

――「積み上げロジック」VS「後付けロジック」

「フレームワーク」「MECE」「因数分解」ときて、最後は「ロジック」だ。

ロジックには「積み上げロジック」と「後付けロジック」の2種類があるのだが、両者の違いをぜひ頭に入れておこう。

「本書が行動を変えるかどうか」というテーマから、2つのロジックの違いを考えていく。

まずは「積み上げロジック」からだ。これは、A、B、Cという理由があって、それらを1つずつ積み上げて、結論を導き出していくイメージだ。

「A＝この本は『考えるエンジン講座』で毎年2000回講義している人が書いた」「B＝ビジネス・日常によくあるテーマで、カジュアルに話しかけるように書いてある」「C＝必要な方により届く売り方にこだわった」ということは、「X＝この本は行動を変える」

という結論を出すような感じだ。

次は「後付けロジック」だ。これは結論が先にあって、その結論に至るためのロジックをあとから組み立てていくイメージだ。

「X'＝この本は行動を変えない」という結論が先にあって、A'＋B'＋C'という理由を後出しじゃんけんでロジックを作っていく。

ここでお伝えしたいのは、ロジックの脆弱さだ。

この例でも、「この本は行動を変える」という結論が出ることもあれば、「この本は行動を変えない」という真逆の結論に達する人もいる。

この2つのロジックを分けて考えないと、思考の落とし穴にハマってしまう。

ロジックは正反対の答えを作り出せるのに、どちらかのロジックに傾倒してしまうと、間違った結論を信じてしまう。

なので、ロジックは相当危ういのだ。

ぜひとも、ロジックの脆弱性を知っておこう。

「フレームワーク」の正体は？

——正しい使い方、付き合い方

いきなりフレームワークで考えるのは愚の骨頂で、ただただ「制約」を作るだけ。
だから、思考の最初のステップにフレームワークがくることはあり得ない。
では、どのタイミングでフレームワークを登場させればいいのか？

それは「言いたいことがすべて揃ったあと」である。

言いたいメッセージがすべて揃ったあと、「これですべてですよ。漏れていませんよ」と、それっぽく見せるために使うのがフレームワークなのだ。

合言葉は「フレームワークは説明責任のみ」なのである。

違う言い方をすると「フレームワークで考えよう」ではなく、「フレームワークで整理して、見せ方をセクシーにしよう」というのが正しい。

フレームワークに対する認識のズレは解消されただろうか？

もう一度、「プールサイドのラーメンはなぜ、美味しいか？」を読むと、よりピンとくると思う。

ピンときたあとに「プールサイドのラーメンはなぜ、美味しいか？」を暗記してほしい。

なぜフレームワークで考えるのが愚の骨頂なのか、スッと頭に入ってくるだろう。

世に出回っているビジネス書の影響で、フレームワークの使い方を間違っている人は、驚くほど多い。コンサルタントでも誤解している人はたくさんいる。

フレームワークに傾倒する前に本書に出会えた人は、ものすごくラッキーだ。「正しい」フレームワークの使い方を学べたのだから。

天才、坂ちゃんが教えてくれたフレームワーク

ここまで徹底的にフレームワークを批判してきた。

しかし、「これは使える！」と認めている、好きなフレームワークが2つだけ存在する。

1つ目は「アドバンテージ・マトリクス」だ。

横軸に「優位構築の可能性」、縦軸に「競争要因の数」をとる。

そして、出来上がった4象限は、左下：手詰まり事業、左上：分散型事業、右下：規模型事業、右上：特化型事業となる。

これは、事業ポートフォリオを考える時に大活躍する。「ゼロからこのフレームワークを作れ」と言われても、この2軸は浮かばない。

このフレームワークは、ＢＣＧの大好きすぎる先輩「坂倉亘さん」（現在はＢＣＧを卒業し、ファンドの共同代表）から、**「たかまっちゃん、これだけは覚えておいたほうがいいよ」**とプロジェクトをご一緒した時に言われたことが、好きになったきっかけだ。

2つ目は、正式名称がないのだが、「BCGの組織マトリクス」だ。

横軸に「動機付け」、縦軸に「規律」をとる。

そして、出来上がった4象限は、左下：ナマケモノの群れ、左上：奴隷集団、右下：仲良しサークル、右上：精鋭部隊という名称がつけられている。

軸の切れ味も抜群なのだが、4象限の「名前」の付け方がセクシーすぎる。

これは、「ソフトケース」と呼ばれる、組織やカルチャーをテーマにしたプロジェクトにおいて、価値を発揮するフレームワークだ。

この2つだけは、確実に使えるので、この機会に覚えてほしい。

いつか役に立つことを、ここで約束しておく。それくらい強力なツールだ。

逆に言うと、それ以外のフレームワーク、捨てちゃいな！

第5章
本質を見抜く
「二項対立」

耳慣れない言葉かもしれない、
「二項対立」という言葉。
意思決定や、物事の本質を見抜く際に、
圧倒的な武器になるのが、
この「二項対立」である。

いかがですかー
1時間
2000円
キャピ
キャピ

「腐っても鯛」VS「泥船」
——世の中にあふれる「二項対立」

人生におけるすべての場面に「二項対立」は組み込まれている。

二項対立を理解して、使いこなせるようになれば、それは圧倒的な「武器」になるだろう。

「二項対立って、どういう意味なんですか？」と、無邪気にみなさんが後輩から聞かれた時にカッコつけられるよう、僕が代わりに調べてみると「二つの概念が矛盾または対立の関係にあること」とされている。

僕の二項対立の思い出を共有して、話をスタートしよう。

プロジェクトで、ある会社がX銀行の買収を検討していた時のことだ。

エグゼクティブサマリーと呼ばれる、「今日のミーティングで僕らコンサルタントが言いたいことはこれですよ！」というスライドに、バシッとこう書いてあった。

御社にとって、X銀行は

泥船か？
VS
腐っても鯛か？

僕はこのスライドを見て、痺れた。
「これから買収を検討するX銀行をどう見るか？」というふわっとした議論を、端的なモノかつ地に足が付いたものにしたからだ。
本質を浮き彫りにする感じと言ってもいい。
これが、僕の二項対立の「教科書」になっている。

意思決定だったり、定義だったり、認識だったり、何でもいいのだが、

「あっちか、こっちか?」選択をしなければならない場面で、斜に構えた人でも「両方!」と言えないのが「二項対立」だ。

もう一つ例を挙げると、ある会社が、「他の誰もがやったことないことに挑戦する」戦略Yを採ろうとしていた。

それを今から議論をしようとしていた場面だ。

その状況を、二項対立を活用して整理すると、こうなる。

御社の戦略Yは、

ファーストペンギン?

VS

慌てる乞食は貰いが少ない?

と書かれたスライドを見せながら、「役員のみなさんは、どちらで捉えていますか?」と問うのだ。

このように選択肢を突きつけることで、スタンスを取りたくない偉い人に、スタンスを取らせるよう強制できるのだ。

これが二項対立の典型例だ。

駅前に立つ「ガールズバー」の違和感

二項対立をマスターすると、「違う世界」が見えるようになる。

それを実感していただくために、ここでは理解しやすいよう、「ガールズバー」を題材にしよう（YouTube「考えるエンジンちゃんねる」でも語っているので、合わせて観てもらえるとありがたい、というか観なくてもいいから登録してください）。

駅前に立っているガールズバーの女の子、みなさんも一度は見たことがあると思う。

お客さんを勧誘している彼女たちの前を通る度に、いつも不思議に思っていることを二項対立で整理していく。

このプロセスを見れば、二項対立の威力がわかるはずだ。

ここでは「ガールズバーのオーナー」または、「お店の売上を高めたいと考えるコンサルタント」目線で考えていく。

まず気になるのは、彼女たちの「やる気のなさ」。

これを二項対立で整理すると、こうなる。

①
「携帯を見ながら、やる気がない」
VS
「勧誘しようと、元気よく」

次に気になるのが、立っている女の子の「お顔立ち」だ。

ガールズバーのビジネスモデル（＝可愛い子と楽しく飲む）から考えると、「こんな子が？」という方はそうは見かけない。

②

「可愛いような、可愛くないような子」

VS

「めっちゃ、可愛い子」

更に更に、駅前で突っ立っている彼女らの「やる気のなさ」から伝わってくる「いつまでこれやらせるのか？」という態度。

ここから、

③

「長期戦（ポケットティッシュ配りのように）」

VS

「短期決戦（ぱっと）」

という3つの二項対立が出てくる。

ここで少し整理すると、よく見かけるガールズバーの女の子の多くは、①「携帯を見ながら、やる気がない」②「可愛いような、可愛くないような子」③「長期戦（ポケットティッシュ配りのように）」が当てはまりそうだ。

ここまでは誰が見てもすぐにわかる、外見や様子の話だ。

次に、ガールズバー経営のビジネス構造という「見えない部分」を考察していく。

ガールズバーの経営者が、どういう「狙い」があって、彼女たちを立たせているのか、その理由や意図を考えていくということだ。

まずは、集客施策としてどういう目的があるのかに目を向ける必要があるだろう。

④「新規顧客狙い」VS「リピート客狙い」

が、まず気になる。

あの「客寄せガールズ」のターゲットは、新規顧客か、はたまた、一度ご来店頂いたことのあるリピーターなのか？

そして、実際にお店のメンバーの中から誰を立たせるか？　を選ばなければならない（バーなので、店内で接客するメンバーとは別の稼働を確保しておく必要がある、ということだ）。

⑤「常時いるお店の子」VS「客寄せパンダ的な一時的な子」

の分岐も存在するので、計5つの二項対立があぶり出された。

二項対立を使うだけで、「駅前に立っているガールズバーの子」から、色々なことがわかってきた。
少し長くなってしまったので、整理しておこう（ついてきてくれてありがとう）。

①「携帯を見ながら、やる気がない」VS「勧誘しようと、元気よく」
②「可愛いような、可愛くないような子」VS「めっちゃ、可愛い子」
③「長期戦（ポケットティッシュ配りのように）」VS「短期決戦（ぱっと）」
④「新規顧客狙い」VS「リピート客狙い」
⑤「常時いるお店の子」VS「客寄せパンダ的な一時的な子」

①～③は前者が概ね該当すると考えられるが、④⑤はどちらか、まだわからない。
ここで、二項対立が本領を発揮する。
未確定な情報があっても、ガールズバーオーナーの狙いがわかるのだ！
全部を「辻褄合わせ」にいく。
まず④だが、このオーナーの集客対象は「リピート客狙い」であると考えられる。

なぜなら、来たことがあるお客さんが見つけてくれればいいから、①「携帯を見ながら、やる気がなく」てもいい。立っているだけで十分だから、やる気がなくてもいいのだ。

であれば、⑤「常時いるお店の子」でなければ意味をなさない。

なにせリピート客狙いなので、たまにしかお店にいない女の子を立たせても、お客さんはその存在に気づかないからだ。

リピート客がターゲットだとすれば、外見よりも「前にお店にいた子」というのが大事になってくるから、②「可愛いような、可愛くないような子」でもよい。

集客だけのために、あえてコストをかけて「めっちゃ、可愛い子」を用意するビジネスロジックは成り立たない。

そして、リピート客に見つけてもらうのが目的なのだから、③「長期戦（ポケットティッシュ配りのように）」にするはずだ。

これで、おー、全部辻褄があった！　となるわけだ。
①〜⑤の二項対立が、「リピート客狙い」と仮定すれば、すっきりする。
何も違和感なく、戦略通りだ。

ふむふむ。駅前に立っている「ガールズバー」の子は、そういう狙いだったわけかぁ……と、思ったはず。

しかし、もう一つの二項対立が残っている。

実はここからが、このお話の面白いところ。

残っているのは「ガールズバーの子が持っているフリップ」である。

今度、駅前で見かけたら注意深く見てもらいたいが、フリップには「料金」が書いてある。「飲み放題2000円」とか、明朗会計と言わんばかりの内容だ。

ここでは料金が記載されているとしたが、「女の子の名前」を書く場合もある。ということで、フリップの内容も二項対立にしよう。

⑥

「飲み放題2000円」

VS

「今日いる女の子の名前」

あれれ？　おかしいぞ。フリップの内容が「料金」だと辻褄が合わない。「リピート客狙い」であれば、リピート客に対する「需要喚起」＝〝あそこのガールズバーにもう一回行ってみるか〟が論点だから、フリップの内容は「今日いる女の子の名前」でないと、あかんやん。

本来であれば、「今日いる女の子の名前」でなければいけないのに……。

いや、待てよ、今度は逆の「辻褄思考」をしてみよう。

仮に⑥「飲み放題2000円」＝「料金」だとすると、その狙いは安さに惹かれてやってくる「新規顧客」だ。

すると、他の二項対立は自ずと決まってくる。

新規なのだから、「携帯を見ながら、やる気がない」姿勢では意味がない。

①「勧誘しようと、元気よく」新規顧客に声をかけ、当然、②「めっちゃ、可愛い子」で、一回来てもらうための⑤「客寄せパンダ的、一時的な子」が求められる。

ダラダラやっても新規は来ないから、③「短期決戦（ぱっと）」やん。

つまり、フリップの内容が「料金」だと、最初の5つの二項対立はすべて「逆」が正しい戦略に見えてくる。

まとめると「リピート客狙い」なら、フリップのみが間違った戦術で、「新規顧客狙い」なら、すべて裏目の戦術やん、と、なるわけだ。

今回のガールズバーの例では、「集客のための目的と戦術があべこべやん」という「構造」が明らかになった。

面白くない？

「駅前にいるガーズルバーの女の子」という題材でも、二項対立という思考を使うだけで、これだけ深く考えられる。

もし、ガーズルバーを僕がコンサルするとすれば、この二項対立を1、2枚のパワーポイントのスライドにして、議論を始めるだろう。

そうすれば、「新しい視点」や「ビジネス構造」を詳《つまび》らかにでき、濃い議論ができる。

ビジネスの世界は「複雑」。

その複雑な世界を、二項対立で紐解くと、面白いくらい「単純」な構造がお目見えする。

ぜひ、二項対立を意識して、使ってみてほしい。

「二項対立」の正体は？

馴染みのなかった二項対立も、「ガールズバー」を題材に語りに語ったので、その威力はわかって頂けたと思う。

こっちが立てば、あっちが立たず！　というのが二項対立で、意思決定する時には必ず存在する。

１００％、みなさんの人生にもあふれかえっている。

そして、戦略コンサルタントの矜持にも二項対立は存在する。

仮に、クライアントから市場調査をお願いされたとしよう。その調べ方に、二項対立がバキバキに存在してきやがるわけだ。

コンサルティングファームのマネージャーは、この調べ方の二項対立に悩んでいる。

クライアントの論点を外さないよう、シングルヒット狙いで「幅広く」調べるが、その分、「浅く」なる

VS

ホームラン狙いで「狭く、深く」調べるが、その分、外す可能性も増えるので、空振り三振もありえる

という二項対立だ。戦略コンサルタントは、クライアントから高いフィーをもらっているのだから、シングルヒットでは意味をなさない。

「ホームランを狙う！」というコンサルタントの矜持で、「狭く、深く」を、胃をきりきりさせながら、選ぶ。

どちらが良い悪いではない。

ビジネスモデルとしての違い。

だからこそ、「なんとなく」ではなく、きちんと二項対立を明らかにして、「意識的に」選ぶのが大事なのだ。

両極端の選択肢を目の前にし、勇気を持って、どちらか1つを選ぶ。

その「選んだ」というエネルギーによってやる気が湧き立ち、仕事をやり切れるってことさ。

これぞ、人生を成功させる秘訣の1つだよね。

第6章 TASKバカ／打ち手バカからの脱却、「論点バカ」

打ち手バカ、タスクバカ

僕がＢＣＧに
入ってよかったのは、
師匠のみなさんに
出会えたことと、
「論点」という
世界を知れたこと。
教えてもらった覚えは
ないけれどね。

コンサルにも蔓延る「打ち手バカ」

「論点」の世界に入る前に、世の中に蔓延っている2大バカを説明してしまおう。
「打ち手バカ」と「TASKバカ」である。
「打ち手バカ」というのは、言葉どおり、打ち手から考えてしまう人たちを指す。
就活のグループディスカッションを思い出してほしい。

では今から、この7名でディスカッションをして頂きます。
お題は「相撲人気を高め、相撲ブームを起こすためには?」です。
30分で考えてください。

その時に登場するのが「打ち手バカ」だ。打ち手バカはこんな感じの発言をする。

「大相撲を人気にするためには、絶対、テレビ放映をもっと大々的にやりましょう。解説は若者に人気なみちょぱとか、男性なら誰ですかね、誰がいいと思いますか？」

「あー、テレビ放映やるなら、広告しましょう、広告。テレビCMを打ちましょう。やっぱ、橋本環奈ですよね。男性なら誰ですかね、誰がいいと思いますか？」

と、**スタートの起点が「施策」「解決策」「ソリューション」である人のことを、「打ち手バカ」と呼んでいる。**何かにつけて「CM打ちましょうよ」と言う広告代理店っぽい人をイメージすると、想像しやすいはずだ。

しかし、思考の起点に打ち手がくることはない。

なぜならば、打ち手から考えてしまうと、「課題」を深掘りできなくなってしまうからである。さきほどの「相撲ブーム」の話も、一切、「課題」の話が出てこなかったでしょ。それが、大問題なのだ。

まず、呪縛から解かれなければならないのは「打ち手バカ」だ。

どこでも蔓延る「TASKバカ」

2大バカのもう一つは「TASKバカ」だ。

TASKバカというのは、文字どおり、タスクから考えてしまう人たちを指す。

TASKバカは打ち手バカ以上に多い。

例えば、「『考えるエンジンちゃんねる』の登録者数が1万人を達成するためには？」という課題があったとする。

さきほどの打ち手バカであれば、どうなるかというと、

「1万人目指しましょう、目指しましょう！　当然、YouTube広告、打ちましょう。文言は僕の知り合いにコピーライターがいるので、その人に頼んでみましょうか。

そいつ、僕から頼めば、やってくれると思いますよ」

という発言をする。イメージがついてきただろうか？

この課題に対して、TASKバカはどう考えるか？

「まず、何からやりますかね。Todoを整理していきましょう。それから期限もセットで決めちゃいましょう。あと、誰がやるか？も決めちゃいましょう。やっぱ、そこまで決めないとですよね」

これが、TASKバカだ。

世の中にはこの2大バカが、蔓延している。

素直な方は、「もしかして、打ち手バカになっているかも」「もしかして、TASKバカになっているかも」と不安になっているかもしれない。

見分け方の1つは、会議室にある「ホワイトボード」に、何を書いて議論してきたか？でわかる。

打ち手バカのホワイトボードには「打ち手」のオンパレード。

TASKバカのホワイトボードには「タスク、期限、責任者の名前」のオンパレード。

身に覚えがあるはずだ。

話は逸れるが、こうやって自分がハマる罠に「キャッチーな名前」をつけると、行動を変えやすい。

そうすると、思わず、口走るようになる。「おまえ、打ち手バカになってんぞ」とか「あー、やっちまった、気づかないうちに、TASKバカに」という風に。

タスクを考えることはもちろん重要だ。それがないと作業もできない。

ダメなのは、タスクから考えてしまうこと。順番の問題なのだ。

「どんな問いに答えるべきか？」を十二分に検討してから、「タスク」「スケジュール」「作業」に移ってほしい。

例えば、先ほどの「『考えるエンジンチャンネル』の登録者数1万人」の問いであれば、「そもそも『考えるエンジンチャンネル』とは何か?」や「なぜ登録者1万人に行かないのか?」など、問いを深掘りすることから始めるべきなのだ。

次の日に会議に出てみると、「打ち手バカ」「TASKバカ」のあまりの多さに気づくだろう。

みなさんの上司が「打ち手バカ」「TASKバカ」ではありませんように。

世の中の仕事のほとんどはPMO
——良いPMO、悪いPMO

ＰＭＯという言葉をご存じだろうか？

改めて調べてみると「Project Management Office」というのが正式名称らしい。簡単に言うと、ゴールや目標にたどり着くために尻叩きすること、を指す。もっとわかりやすく表現すると、プロジェクトの進行管理で「え？　まだ、終わってないの？」と言う人だ。

僕が最初にＰＭＯという言葉を知ったのはＮＴＴデータ時代、尊敬している「樫部昌弘さん」が、ランチ中も読んでいたのがＰＭＯの本だったことがきっかけだ。

その体験があるので、ＰＭＯ機能を担う人であるＰＭ（プロジェクトマネージャー）は、僕にとっては花形職だ。

大きなプロジェクトの全責任を負い、仕切るＰＭは最高の憧れだった。

だが、コンサルの世界でPMOという言葉は、若干違う意味合いをもって語られる。というか、そう思っている輩がいる。

コンサル案件の中に「PMO案件」というのがある。

これはコンサル側が第3者として、クライアントの一世一代の勝負のような、途轍もない大きなプロジェクトの「PMO機能」をサポートするというものだ。そういう案件が世の中に多くなったことも背景としてあって、こういう質問を現役コンサルタントから度々受ける。

「ちょっと相談なんですけど、コンサルティングファームに今、在籍しているのですが、いわゆるPMO案件ばっかかなんですが……成長するでしょうか？」

いやー、ほんと、ポンコツ質問すぎて、吐き気を催してしまう。どんな仕事でも、本人が100％全力を出し切っているかぎり、何をやっていても成長するものだ。

が、「成長するんですか？」というような迷いがある状態でやっていたら、何をやっても成長しない。

話を戻して、ＰＭＯの質問に僕がどう答えているか？　というと、

「世の中には良いＰＭＯと、悪いＰＭＯというのが存在する。なので、良いＰＭＯをしているのであれば、成長するよ」

良いＰＭＯと悪いＰＭＯの差分は、「発言・口ぐせ」にある。ＰＭＯを担っているＰＭが、自分が尻叩きしているチームへ何を伝えているか、で変わってくるのだ。

悪いＰＭＯは次のような発言を連発している。

「その作業は終わりましたか？」

「その作業はいつ終わりますか？」

「その作業が遅れている原因は検討しましたか？」

「その原因への対処はしましたか？」

「作業が遅れているため、赤信号とします」

これらはNTTデータ時代、ある地銀の融資支援システムを作っていた自己査定チームで「名ばかりPM」をしていた僕の発言。

その仕事で、僕は1社目のNTTデータを辞める決意をした。みなさんも思っただろう。「誰でもできるじゃん」。こんな発言で仕事が回るとしたら、まじで、俺必要ないじゃん。

「その作業は終わりましたか?」↓終わっておりません。

「その作業はいつ終わりますか?」↓あと2週間かかります。

「その作業が遅れている原因は検討しましたか?」↓はい。検討しました。

「その原因への対処はしましたか?」↓しました。

「作業が遅れているため、赤信号とします」↓了解しました。

聞かれたほうはこう答えるしかないだろう。まさに、何も生まない尻叩きだ。

こんな確認を続けていると、確認されているほうのイライラが溜まり、しばらくすると「敵」と見なされてしまう。

そりゃ、自分でも気づくだろうよ、成長せんわ! 成長するものか!

では、「良いＰＭＯ」はどういう発言をしているのか？

「検討すべき論点は何ですか？」

「検討した、その論点の〝今〟の答えはなんですか？」

「どの論点の検討が遅れているのですか？　ちなみに、その論点は重要ですか？」

「その論点の検討の遅れに対して、対処しましたか？」

「重要な論点だったので、少しの遅れでも赤信号とします。ただ、もう1つの論点は重要ではないので、黄色信号とします」


これが「良いＰＭＯ」だぜ。こんなＰＭＯだったら、少し小太りの、天然パーマの、黒ぶちメガネの、会話にちょいちょいカタカナ英語が入る僕がＰＭＯでも、クライアントは「仲間」だと思ってくれる。

このような「良いＰＭＯ」をしていれば、最高の成長が待っているよね。ちなみに、「良いＰＭＯ」には「戦略ＰＭＯ」という呼称もある。

そこのあなた、悪いＰＭＯになっていないか？

「ビジネス書」の良い読み方、悪い読み方
――目次の正体

ビジネス書には良い読み方と、悪い読み方がある。読書という普遍的な内容から、少しずつ、この章のテーマである「論点」に近づいていこう。

みなさんは、普段どのようにビジネス書を読んでいるだろうか？

ビジネス書の読み方1つとっても、「論点」をベースに行動している「論点バカ」の読み方は一味ちがってくる。

「論点」ベースの正しいビジネス書の読み方は、5つのステップで構成されている。

①購入する前に3箇所、立ち読みする

まず、ビジネス書を買う前の鉄則がある。

大事なのは「このビジネス書、読みたい」と感じたその瞬間に、購入してしまうこと。

本屋さんで「買おうかな？」と思ったら、まず、目次で「ピンときた部分」を1ページ読む。面白いと思ったら、また別の箇所を1ページ読む。それでも面白いと思ったら、更に別の箇所を1ページ読む。

この段階まで来ても面白いと感じたら、その本は「買い！」と判断していい。

ここまでやるのが、購入前の鉄則だ。

②その足で「読む」

人類は本当にすごい。積読という言葉を生み出し、読んでもいないのに、読んでいる感じが出てしまう。

積読しても、読まないとやはり意味がないから、積読しないに越したことはない。

本は、積まれたら、もう二度と読めないと思ったほうがいい。

だから、まさに購入した、その足で読み始めてしまうのが一番だ。

そう考えると、本を買うお勧めのタイミングは、購入後に本を読める移動時間がある時だ。

これも「仕組み」の1つ。積読しない仕組みの1つ、移動前に本屋で買う。

③読む時は「目次」をじっくり

目次をじっくり読む。

目次というのは、その本の全体の構成である。違う捉え方をすると、その著者が語りたい「問い」、すなわち、論点の集合体なのである。

僕独自の表現をすると「論点構造」が目次なのだ。

なので、目次をじっくり読もう。じっくりといっても、5分で十分だ。

④小説でなければ、気になるところから読む

過去、最初から最後までしっかり読んだビジネス書は何冊あるだろうか？

僕もかなりの冊数を読んできたが、本当にじっくり読んだもので、ぱっと浮かぶのは『成功者の告白』(講談社、神田昌典)くらいだ。

小説では難しいと思うが、だいたいのビジネス書は要点がわかりやすいように、工夫して作られている。気になるところから読んでしまおう。

⑤感想とかメモとかしない、絶対。

そういうことをするから、量をこなせないのだ。

読書は、知識を増やすのも、もちろん大事だが、もっと大事なのは「価値観を醸成すること」。

大事なところは潜在意識に勝手に残る。

だから、メモは取らなくていいし、ましてや二度読む必要もない。

読書で一番大事にしてほしいのは、量をこなすことだ。1冊で、2〜3個学べたら御の字くらいの認識で、パシパシ読んでいこう。

以上が、論点をベースにしたビジネス書の読み方だ。

正しい読み方を知れば、学習の効率が一気に上がる。量もこなせるようになるので、読める本のレベルもどんどん上がっていく。

論点という武器は、読書にも活かせるということを実感してほしい。

悪い議事録、良い議事録

——「議事録進化論」

僕のYouTubeチャンネルで一番再生されているのが「〝毎回〟怒られる議事録にはワケがある」である。「考えるエンジンちゃんねる」で最初にアップされた動画でもある。

議事録にも、この章のテーマである「論点」の要素がたっぷり詰まっている。

議事録は、コンサルティングファームでは想像以上に大事にされている。

ＢＣＧに入社するような、東大卒から一流企業を経て、ハーバードでＭＢＡを取った、30代の人が書いた議事録でさえも、先輩コンサルタントからは「なんだよ、この議事録。全然、わかってないじゃん」と言われてしまうレベルなのだ。

しかもだ、議事録を書く技術が成長しても、先輩から「全然、違う」と怒られるくらいだ。

議事録の期待値は「テニュア」と呼ばれる、コンサルタントのステージ（コンサル歴）によって変わる。

僕が尊敬する鮒谷周史さんのオンラインメディア『平成進化論』風に、名付けて、「議事録進化論」だ。

議事録の「期待値」を、違う表現をすると、議事録の「論点」が変わるのだ。

議事録のルールを理解しつつ、「あー、こういうのを論点っていうのね」と論点の概観を掴んでほしい。

では、説明していこう。

ステージ1＝「全部漏らさず、書いてあるか？」

まずはミーティングでの会話、「誰が、何を言った？」をすべて漏らさず書くのが第一歩だ。

この段階でも結構大変で、1時間のヒアリングだとしたら、ノートで殴り書きだと、余裕で30枚を超えてしまう。しかも、難しい内容の議論がバンバン飛び交うわけだから、「ちょっと止まってー」と叫びたくなる。

この「全部漏らさず、書いてあるか？」のように、「問い」の形で表現されるのが論点というヤツだ。ステージが変わるごとに論点が変わっていく。では、次はどう論点が進化するのだろうか？

ステージ2＝「構造化されているか？」

ステージ1が達成できていれば、内容をすべて紙に落とすことができているはずだから、次は、それが整理できているか、つまり「構造化」できているか、が論点になる。

読みやすいように、同じテーマはまとめて書いて、可能であれば、発言ごとの関係までを意識して書くこと。が、ここまでは、議事内容をただ「整理」できただけで何も生んでいないので、付加価値はゼロだ。

ステージ3＝「ネクストステップが書いてあるか？」

次は「そのまま、紙に落とす」のではなく、「議論の重要性を加味して、濃淡をつける」ことが求められる。これは結構難しい。各議論の中身をきちんと理解していなければ、それぞれに濃淡をつけることはできない。

「次、何をするべきか？」も、明確に書いてある必要がある。これが書かれていないと、次に何をすべきかがわからないからだ。ここまでできたものを「議事録」と言う。

ステージ4以降は、名前が進化して、議事録が「議事メモ」になる。

ステージ4＝「ミーティング前の『仮説の進化』が書いてあるか？」

「その議論によって、何が進化したのか？」まで求められるので、一気にレベルが上がる。

会議の前には、議論するテーマである論点があり、それに対する仮説がある。

その仮説を会議でぶつけて、「そうそうそう、その通り！」「いや、全然違うよ」という論争を起こすのが議論。この議論を経たあとには、「仮説の進化」があるはずだが、それが記載してあれば、ステージ4だ。

その場だけでなく、その議論を行うまでのストーリーを理解できていないと、「仮説の進化」は書けない。だからこそ、ここから、「議事メモ」と名前が変わり、難易度も変わる。

ステージ3までは「その場」の勝負。ステージ4からは「それまでのストーリー」の勝負となってくるわけだ。

ステージ5＝「ミーティング前の論点に沿った構成＝論点＋答えになっているか？」

議論するということは、議論のテーマという「論点」がある。

例えば、この本を出す機会をくれた、編集担当の「金山さん」と議論した時でいえば、僕のアタマの中には議論したい論点があった。「どういう仕組みで本が世に出ていくのか？」「その中で、どこが勝負所なのか？」「どうやったら、平積みになるのか？」などの論点を持っていた。それを流れの中で、バンバン議論した。1時間くらい議論したと思う。整理する際に、あらかじめ用意していた論点に沿って、議事メモをまとめるイメージである。

これはレベルが高い。そもそも、議事録はペーペーが書くわけだが、その議論を仕切る人の論点を完璧に理解することは、かなり高度な技術なのだ。

ステージ6＝「ミーティング中に進化した論点もちゃんと書かれているか？」

あらかじめ「これを議論しよう」と思っていたことだけで、議論が終わることは当然ない。だから、話は四方八方にいくよね。

その中でも大事なのが、会議前には気づかなかったことだが、議論を踏まえて「これを議論しますよ。次回は！」ってやつだ。

これがちゃんと、議事録にスパン！　と書かれていたら最高だ。

ステージ7＝「ミーティング中に進化した論点を検討するためのタスクが書かれているか？」

これが議事録の最終形態だ。進化した論点に対して、次に行うべきだと思う作業まで整理して書くことができれば最高だ。

ステージ7に到達できるかは、議事録、議事メモを書く人の腕前だけでなく、その会議を仕切っている人の力量にもよる。相当腕前のある人が議論を仕切っていないかぎり、ここまで議論しきれないからである。

議事録は奥が深い。まずは、ステージ7まであることを認識し、「自分はどこまで出来ているかな？」と内省することが最も大事だ。発言を書いただけでは、「悪い議事録」のままだ。

目的と合わせて、論点や仮説まで書いている「良い議事録」を作れるようになろう。

「論点バカ」の正体は？

「打ち手バカ」＝「課題」などを無視して、「打ち手」から考えてしまう
「TASKバカ」＝「作業の羅列」「作業・期限・担当」と「タスク」から考えてしまう
「論点バカ」＝「どの問いに答えるべきなの？」と「問い＝論点」から考えられる

残念なことに、ほとんどの方が、「打ち手バカ」「TASKバカ」になってしまっている。

どんな仕事にも「作業」「期限」があるわけだから、気持ちはわかる。

だが、タスクを考える前に、一呼吸してほしい。それこそ、15分でもいい。

この話を思い出し、「論点バカ」になってほしい。

目の前にあるタスクは「クライアントの何の論点に答えるための作業なのか？」を常に、自問自答してほしい。もし、それが明確でなかったら、今すぐ、上司と議論してほしい。

その議論も数分で終わる話だ。やって、損はない。

印象付けるために、すべてに「〇〇バカ」という表現をしたが、「論点バカ」だけは、良い意味でつけている。違和感があれば、「論点ラバー」と言い換えてもらってもかまわない。

僕が、BCG時代に、師匠たちから勝手に学んだのが、「『論点』を大事にしなさい」ということ。

ミーティングが始まる前に、「高松さんさぁ、このミーティングの論点は何？」と言われ、ミーティングが終われば、「高松さんさぁ、さっきのミーティングでプロジェクトの論点が進化したけど、理解できている？」と事あるごとに言われていた。


どんな仕事にも、常に論点が潜んでいるのだ。


みなさんに論点を愛してほしい。仕事を進める上で、論点を強く意識してほしい。

そろそろ、「打ち手バカ」「TASKバカ」から脱却する時だ。

「論点バカ」になりましょう
——論点ベースの働き方入門

「論点バカ」をより深くあなたの仕事に活かしてほしいので、別の視点で説明しよう。
「論点ベースの働き方」のサイクルはこれしかない。

⓪上から降ってきた「論点」をありがたく頂戴する
①その「論点」を分解する
②その分解した「論点」に沿って、タスクを洗い出す
③そのタスクを踏まえ、スケジュールを立てる
④作業する
⑤アウトプットが出る

仕事をする時は、常にこの⓪〜⑤のサイクルを頭に浮かべて、動いてほしい。特に⓪①が重要なので、重点的に解説する（②〜⑤は文字通りの内容になるので、省略する）。

⓪上から降ってきた「論点」をありがたく頂戴する

まず、いきなり難しい話になるが、解かなければいけない「論点」はいったん与えられたものと考えたほうが楽だ。

仕事でも、プライベートでも、解かなければならない問いは「上から降ってくる」と考えよう。

例えば、「『考えるエンジンちゃんねる』の登録者数を増やすためには？」「もっとダイエットするためには？」という論点も、どこからか降ってくると考えて問題ない。

①その「論点」を分解する

さぁ、ここがエネルギーを使いまくるところだ。

もらった「問い」である論点を分解しよう。

分解のお作法は色々あるが、それは置いておき、ざっくり「その論点を解くために、解いたほうが良さそうな問いは何なのか？」などを自問し、問いを羅列しよう。

その羅列した「問い」の集合体で、マネージャーやクライアントと議論できると最高だ。

ここまでやって、②以降の段階に入る。

②その分解した「論点」に沿って、タスクを洗い出す
③そのタスクを踏まえ、スケジュールを立てる
④作業する
⑤アウトプットが出る

ここまでできれば、TASKバカモードで構わない。

ぜひとも、明日から実践してほしい。

「論点バカ」になると、解くべき問いの「質」が上がる。

質が上がった問いの「作業」は当然、効率が上がる。
効率の上がった「作業」からは当然、良質のアウトプットが出てくるはずだ。
「論点バカ」になり、論点ベースの働き方に挑戦しよう。

第7章 ファクトではなく「示唆（SO－WHAT）」

示唆とは、
「ファクトから
言えることは何か？」と
僕は教えている。
「示唆」を磨くことで、
今、目の前に起きている
「現実」から、「未来」を推測できる。
さぁ、「論点」と双璧を成す
「示唆」ついて学んでいこう。

示唆
論点
!
FAQ

「ある女の子、村上さんが髪をばっさり切った」

「ある女の子、村上さんが髪をばっさり切った」。このことから、何が言えるだろうか？

今回はこの「何が言えるだろうか？」というのがメインテーマだ。

「何が言えるだろうか？」を一言で表すと、「示唆」という言葉になる。英語にすると、

「SO－WHAT」というヤツ。

BCG時代、オフィスにいると1日に100回は聞いたのが、この「SO－WHAT」、読み方「ソーホワット」ってヤツだ。誰も彼もが、「ソーホワット」を連呼していた。

示唆というのは、簡単に言うと、目の前の「事実（ファクト）」から何が言えるのか？だ。話を戻そう。

「ある女の子、村上さんが髪をばっさり切った」ということから、何が言えるか？というと、もうお分かりのはずだ。そう、「失恋した（に違いない）」が考えられる。

これが示唆として出てくるだろう。（たとえ「え？」って思う部分があっても、この章は先へ、先へ行きましょう！　いったん）

もし、他の人から、無邪気に「なんで、ある女の子、村上さんが髪をばっさり切った、というファクトから、『失恋した（に違いない）』という示唆が出るの？」と聞かれたら、どう説明するだろうか？　この説明ができたら、示唆はマスターしていると言っていい。

説明の仕方は複数あるが、その1つを紹介しよう。

「なぜかというとね。通常、女性は1センチ、2センチ単位で髪の毛を切るにもかかわらず、この時ばかりは！　と、村上さんが髪をばっさり切ったということは、村上さんに何かが起きたと考えられるのよ。で、〝女の子〟っていうくらいだから、村上さんは若い子で、その若い子に〝何かが起きた？〟としたら、男女関係、失恋が一番可能性高くない？　だから、この示唆が出るんだよ。勿論、示唆はファクトじゃないから、推測だけどね」

これが示唆を説明した会話例だ。

示唆は「武器」になる。なにせ「ファクト」ではないから、全員が同じ情報をくみ取れるわけではない。が、考える力を使って、他の人が思いつかない示唆をくみ取れることができれば、価値の高い情報として、活かせる可能性があるのだ。

今回はいつも以上に「暗記」を意識してほしい。行動を変えるために、示唆をマスターするために。暗記しちゃおうぜ、「村上さんの例」としてさ。

ちなみに、なぜ「村上さん」かというと、僕が運営している「ウイニング就活塾」の生徒に、昔、「村上さん」がいて、その子がたまたま、示唆を教えるタイミングでばっさり髪を切ったからだ。それ以降、ずっと、「村上さん」で教えている。

この示唆というのも「答えのないゲーム」のど真ん中なので、そのことを忘れずに、読み進めてほしい。

「イマドキ、ワイヤレスイヤホンじゃないの？」

「示唆」の世界をすべて説明するとなると、それだけで5万字、動画だと4時間はかかってしまうので、その中でもわかりやすい部分を凝縮して伝える方式で進めていく。

ここでも、あるファクトからどういう示唆が抽出できるかを考えていただく。

電車に乗っていると目の前に、ある男がいました。よーく見てみると違和感。あれ？と思いじっくり見ると、「AirPodsのようなワイヤレスイヤホンではなく、ケーブル付きのイヤホン」をしている。

この景色を見た時に、どういう示唆を出すだろうか？

多くの人はこう思うかもしれない。

「この時代、当然、AirPodsでしょ。どう考えても。百歩ゆずって、他のワイヤレス。でも、そんな中でも、ケーブル付きのイヤホンってことは、この人は『ダサい』ってこと?」と。

だが、これとは真逆の示唆も出せるのだ。

「この時代、当然、AirPodsでしょ。どう考えても。百歩ゆずって、他のワイヤレス。でも、そんな中でケーブル付きのイヤホンってことは、AirPodsの最大の弱点、バッテリーが切れているってことだな。でも、音楽を聴けるようにケーブル付きを用意していたってことは、あー、このお方は『ナイス』ってことでしょ?」と。

「ケーブル付きのイヤホンをしている」という同じファクトを見ているのに、180度違う示唆が得られるのだ。当然、他の示唆も考えられるが、1つのファクトを見て、2つ以上の示唆をわざと得られるようになれば、世界の見え方が変わってくる。1つの物事から、無限の気づきを学ぶことができるからだ。示唆って、最高だろう?

発言しているのに、「何も言っていない」と言われるコンサルの不合理

コンサルタントの仕事の半分を占めるのが「分析」だ。クライアントから顧客データをもらい、あーだこーだと、分析するのだ。

例えば、横軸に時間、縦軸に売上を取った時に、右肩上がりのグラフがあったとする。コンサルタントは、このグラフから何が言えるのか、すなわち、「示唆を出す」というのをやる。

コンサル業界に入った時は、この「示唆を出す」というところで苦労した。

さきほどの分析のパートで、マネージャーが、ＢＣＧに入社して１ヶ月の僕にこう聞くわけだ。

「このグラフから、何言えるわけ、高松さん」と。僕が満面の笑みで「売上伸びてますよ」と答えると、マネージャーがイラッとした顔で、「何も言ってないでしょ、それ」と言われてしまうのだ。

もう少し、このマネージャーの発言の真意を丁寧に解釈すると、

「いや、高松よ。お前が言ったのは、ファクトだ！　100人いたら、100人がそう思うやつだろ。日本語で言えば、事実ってやつだ。事実を言うために、お前がいるわけじゃない。君に求められているのは、示唆。もっと言えば、100人中10人ぐらいしか気づかず、言われたら『あー！』と100人中30人が驚くやつだ。いいか、だから僕はこう言ったんだ、『何も言ってない』じゃねーかと」

というのが真意なのだ。

「示唆」をマスターするための第1歩は「自分の言っていることがファクトなのか、示唆なのか？」を判断できること。

もう少し言えば、「俺はファクトなんて、言わない。意地でも示唆を言う。トンチンカンでもいいから、示唆を言うぜ」という気概を持つことが大事なのだ。

「SO-WHAT」の正体？
――論点は守り、示唆は攻め

示唆を出さなければ、仕事は前に進まない。

ビジネスで発生する「売上データから考えられる、今後の我々の戦略は？」「競合がある会社を買収した、我々の次の一手は？」のような問題も、示唆を使わなければ答えまで辿りつかない。

グラフ・表・発言などの事実から、目的に合わせた示唆＝「きっと、こういうことを意味しているのではないか？」「こうなるのではないか？」を汲み取る。

それが示唆である。

示唆を鍛えると、どんな良いことがあるのか？

それは、「発言が鋭くなる」ということだ。

その精度が高まるほど、議論が盛り上がり、周囲からも一目置かれるようになる。

ある事実を見た時に、そこから自分の頭を使って、必死に示唆を考える。

この思考のサイクルを繰り返していると、あなたの思考力は自然とアップしていく。


なお、第6章で取り上げた論点と比較して示唆を説明すれば、次のようになる。

論点は「守り」。論点を極めることにより、「仕事がセクシー」になる。

一方で、示唆は「攻め」。示唆を極めることにより「発言がセクシー」になる。


示唆は途轍もなく奥が深い世界で、示唆だけでも、本1冊書けるほどだ。

ここでは、「示唆という存在」を知ってもらえれば十分。

まずは、普段の仕事から、ぜひとも示唆を探してほしい。

「あ、今の部長の発言は、あの事実からの示唆を言っているのだな」というイメージだ。

今日から早速、示唆マスターの道のスタートだと思って、トレーニングを始めてみよう。

思い出のBCGの古宮さんと、マッキンゼーの呉ちゃん

ＢＣＧに入って日が浅かった頃の僕は、先輩コンサルタントから「示唆は？」「お前のスライド、メッセージないじゃん？」「分析でどんなＳＯ－ＷＨＡＴが出たわけ？」と、これほどまでか！　というくらい責め立てられた。

そんな僕が示唆に本当の意味で最初に出会ったのは、思い返すと、ＢＣＧの2次面接だった。

その2次面接は「２００５年2月14日」で、面接官は「古宮さん」だったということまで、鮮明に記憶している。

その時の面接で出されたお題は、こんな感じの内容だった。

「今から、1枚の散布図を見せます。これは、横軸＝売上、縦軸＝利益率で、点はある測定器を扱う会社になっております。見てもらうとわかる通り、日本の会社もありますが、世界の会社をプロットしております。
では、今から5分差し上げますので、この1枚のグラフから、
何が言えるかを考えてください」

その時の気持ちは今でも覚えている。心の中では、「え？　そもそも、表が英語の時点で、戸惑っているんですけど。そもそも、その測定器知らんぞ。え？　なに、なに？」と思いながら、頑張って、示唆っぽいことを2個くらい、面接官に投げつけた。
確か「企業はバラバラに散らばっているのにもかかわらず、日本の企業だけ、ここに集まっているということは、日本のこの業界は規制またはカルテルのようなものが存在しており、もう少し言うと、既得権益ど真ん中、みたいな業界構造と予想されます」のような発言をした。

ここから議論が始まっていくかと思いきや、面接官から「他にはありませんか？」「あ、

なるほど、それもありますね」「で、他にはありませんか？」という感じで、示唆をひたすら聞かれるケース面接だった。

そのあと、「その企業の売上を上げるためには？」という問題を数分やり、面接は終わった。

当時は「なんだこの『他には』おじさん」と思っていたが、今考えると、示唆を出す素養があるかを、徹底的に確かめられていたのだ。

要するに、示唆はBCGのようなコンサルティングファームでも必要とされる「スキル」だということだ。でなければ、ここまで面接で問われることはないだろう。

しかし、あの時、「他には」おじさんが僕を通過させてくれたから、今の僕がある。

本当に感謝している。

本書も残すところ、あと「半ページ」になった。最後は、「示唆」の鍛え方で締めよう。

このトレーニングは「考えるエンジン講座」開設当初にやっていたものだ。その時の生徒の1人で、今や世界のマッキンゼーのアソシエイト・パートナーの「呉ちゃん（本名を呉文翔という）」とガシガシやっていた方法である。このファクトの示唆は？　このトレーニングで鍛えれば、マッキンゼーのパートナーになれる可能性大！（超飛躍）

とっておきのトレーニングのステップは5つある。

①クリス・ヴァン・オールズバーグの絵本を用意（「まさ夢いちじく」などがお勧め）

②「論点」を設定（新社会人へのアドバイスは？　など、自由に設定してOK）

③「絵本」は読まずに、「言いたいメッセージ」を決める（早起きが大事だ！　など自由に）

ここからが、トレーニングとなる。

④「絵本」を読み、「絵本の内容（＝ファクト）**」とメッセージをロジカルに紐づける**

⑤③に戻り、「違うメッセージ」を決め、④を再度行う（3回繰り返すのがお勧め）

この「絵本」トレーニングを行うことで、「示唆を生み出す」筋力が身に付く。ぜひやってみてほしい。

「示唆」を極めると、ビジネス戦闘力が圧倒的に上がり、ビジネスライフが一転する。7章をきっかけに、「示唆」の世界を意識して過ごしてみてほしい。

おわりに

「おわりに」で、この本は終わりだが、みなさんの**「行動を変える」旅はここからが「はじまり」だ。**読んでおしまい。では、モッタイナイ。それこそ、ポンコツの所業。

「愚直に」本書の内容をやるだけで、「地頭」はもちろん、「学歴」なども関係なく、「行動」は変わる。それが「習慣」として積み重なることで、人生がカラフルになっていく。

ただ、「愚直に」というだけでは、プラクティカルでもなく、当然、スウィッチでもない「ポンコツなアドバイス」だ。

なので、みなさんが「行動」できるよう、『変える技術、考える技術』を読んだあと、**「愚直に」すべきこと**を、この「おわりに」に、9個書いておこう。

①今からカフェに入り「目次」を見ながら「何が書いてあったか?」ぶつぶつ言う。

②「なんだっけ?」と思った所を、読み返す。「居酒屋」で話せるレベルまで、理解・暗記。

③この瞬間から「1週間」で、本書で「暗記」した内容を、無理矢理使う宣言をする。「あ、これ、あの本で読んだこと使えるかも」と強引に。自然に使えるほど甘くない。

④「イライラ」したら、「ムラムラするなぁ」と心の中で叫び、目の前の後輩に、「愛と想像力が足りないよ」と偉そうに言い放ってみる。

⑤腑抜けた、ポンコツな資料を見つけたら、「答えのないゲームやろうよ。答えを探さない。思考、働き方のプロセスをセクシーにしていこうよ」と、大きな声で叫んじゃおうぜ。

⑥「3Cで考えてきますね」とか言われたら、「まずは、自由な発想で考えて、説明する時に、フレームワークとか考えたらいいよ」と、偉そうに言おうぜ。

⑦上司に、こっぴどく叱られたら、しゅんとせず、逆に「今日、もう一度、時間ください」とチャーム全開で、距離をつめちゃおうぜ。

⑧仕事の始まりは、「タスク整理」ではなく「論点、論点、あー、論点」と叫びましょ。

⑨「グラフ」や「表」を見かけたら、浮かんでなくても、「そのファクトから言える示唆は?」と、足を組み替えながら、言ってしまおうぜ。

こんな**「些細な」発言、そして「心掛け」で、すべては、変わり始めるのだ。**

そうそう、「心掛け」と言えば、本書にも書いたが、僕が「プロ」と接する時、本当に、心の底から、大切にしていることがある。

それは、「プロに任せたら、口出ししない」ということ。

口出しをしたその瞬間、「天才」であるプロが描く「世界観」が崩れてしまうからだ。

例えば、僕の行きつけの美容院、「NORA」の広江さんが切り終えた時、僕が「前髪を少し」とか口出ししたが最後、「天才」である彼の世界観は崩れてしまい、結果、「ポンコツ」な出来栄えになってしまう。

「プロ」と接する際は、「口を出さない」のが鉄則。

『変える技術、考える技術』も、この「鉄則」を徹頭徹尾、忠実に守り、作りあげた。

装丁家の杉山健太郎さんにも、「お任せします」の一言。

それは、興味がないからではなく、「口を出したら」天才杉山さんの「世界感」が壊れてしまうからだ。

イラストレーター・漫画家の山本ゆうかさんにも「お任せします」の一言。
お二人の「センス」があふれる「作品」にしてもらった。
編集長の白戸翔さんには、「世に出す」プロとして、結晶化してもらった。
そして、なんといっても、編集の、いや、この本の「総監督」の金山哲也さん。
彼の「才能」がなかったら、この本は、世に出なかった。
「天才」って、世の中いるんだなぁとしみじみ感じた。

最後に締めの一言。

些細な「心掛け」で変われる。
みなさんも、「天才」に変われる。

そろそろ、変わろうぜ。

高松智史（たかまつ・さとし）

一橋大学商学部卒。
NTTデータ、BCG（ボストン・コンサルティング・グループ）を経て
「考えるエンジン講座」を提供するKANATA設立。
本講座は法人でも人気を博しており、
これまでアクセンチュア、ミスミなどでの研修実績がある。
BCGでは、主に「中期経営計画」「新規事業立案」
「組織・文化変革」などのコンサルティング業務に従事。
YouTube「考えるエンジンちゃんねる」の運営者でもある。

変《か》える技術《ぎじゅつ》、考《かんが》える技術《ぎじゅつ》

2021年6月30日　初版第1刷発行

著　者　　高松智史《たかまつさとし》
発行者　　岩野裕一

発行所　　株式会社実業之日本社
〒107-0062
東京都港区南青山5-4-30 CoSTUME NATIONAL Aoyama Complex 2F
電話（編集）03-6809-0452
（販売）03-6809-0495
https://www.j-n.co.jp/

印刷・製本　　大日本印刷株式会社

ブックデザイン　　杉山健太郎
イラスト　　山本ゆうか
本文DTP・校正　　RUHIA
編集　　金山哲也→白戸翔（実業之日本社）

ISBN 978-4-408-33984-9（新企画）